オックスフォード・国連で学んだ

答えのない時代の思考法

自分の軸で生きる練習

Chika Onaka
大仲千華

大和書房

はじめに

今、社会の構造や価値観が大きく変わりつつあります。

YouTubeやTwitterなどで一個人が全世界にメッセージを発信することができるようになり、十数年前であれば大きな組織や企業しか出来なかったことが、個人でも可能になりました。

多くの人が、自分を自由に表現すること、みんなで一緒に成長する体験、誰かの役に立つこと、意義が感じられること、そして世界の人たちと繋がる体験をより強く求めています。

「もっと自分に正直に生きたい」と願う人が増えている現れだと感じています。

ただ、そういう願いがある一方で、自分に正直に生きることができないというジレンマを抱えている人も少なくないでしょう。

国連が毎年発表している「世界幸福度報告書」によれば、日本の幸福度は２０１８年に54位、２０１９年には58位、２０２０年にはさらに4位後退し、62位まで低迷しています。

日本人の幸福に影響しているのは何なのか。

２０１８年に神戸大と同志社大の研究チームが、日本人２万人を調査して、何が幸福度に影響しているか突き止めました。

この報告書では、オックスフォード式の心理的幸福感を測る質問を用いて、所得、学歴、自己決定、健康、人間関係の５つが幸福度を図る指標として取り上げられています。

その結果、健康、人間関係に次ぐ要因として、学歴や収入よりも自分の進路を自分で決める「自己決定」が日本人の幸福感に大きく影響しているとわかったのです。

自己決定とは「自分で決めること」です。

人生では、受験や就職、引越しから結婚、出産、転職など、自分で考えて決めなければいけない事が多数あります。

例えば、転職やキャリアを考える時に、様々な条件やメリット・デメリットを考えることは１つの大きな判断ポイントになります。ただ、それだけでは、自分で決めるための十分な準備をしたとは言い切れません。

誰かにとっては幸せな選択となっても、全員にとって同じように幸せな結果となるかはわからないからです。

人それぞれの人生の優先順位や価値基準を含めて「自分の軸」が違うからです。

その選択が自分の人生の方向性や自分の価値基準に沿っている時には、いい気分がします。

物事も身体も自然に動きます。

先が開けていくというような、人生がいい方向に向かっているという感覚をはっきりと感じることもあります。

なにより自分で決めると納得感がありますし、自分で決めたという体験自体が自信になります。

自分の意思で決めたので多少の困難があってもふんばれます。

では自分で決めないとどうなるでしょうか？

「こんなはずじゃなかった」「そんなこと聞いてなかった」と誰かのせいにしたくなる気持ちがでてきます。

自分で決めていないので目の前の状況や自分の人生に対してどこかで他人まかせにしてしまいます。

「指示待ち人間」や「自分で考えられない人」が増えていると言われていますが、自分で決めることをしてこなかったことも関係していると考えています。

会社や組織でそれなりに仕事をこなす人でもそのような傾向はあるように感じます。

私は約10年、国際連合本部・国連機関で働く中で、様々なポストにつきました。国連では、職務が多岐にわたることから、在職中に部署や部門、勤務地、さらには勤務先の機関や職務分野を変えることは当たり前のようにあります。

そしてその都度、希望のポストに応募する必要があり、私は少なくとも10回は応募を経験しました。

毎回、「どうして自分はこのポストに最適で、ここで何ができるのか？」ということを明記する作業をしてきました。

そのような作業をするのは大変ではありましたが、自分で応募してなぜ自分はこの職種に就きたいかを毎回面接で訴えるので、大変なことがあっても簡単に辞めることもできず、なんとかしてみようと思えました。

自分で選び、決めることによる覚悟とパワーとも言い換えられるでしょう。

人生は決断の連続だとすると、自分は何を基準に決めているかを意識しているかどうかで、長い人生の質に大きな「差」がでるだろうと感じます。

そうした中で大切になることは、やはり自分の軸を持っているかどうかです。

この本では、他人に振り回されるのではない、自分の軸を作るためのヒントを書いています。

私は、日本の大学からオックスフォード大学を経て、約10年間ほど国連に勤め、国連ニューヨーク本部や南スーダンなどで和平合意の履行支援や独立支援に関わりました。

今は大学で講師をしながら、コーチングのプロとして様々な年代の方のコーチング・カウンセリングを行っています。

決して楽な道ばかりではありませんでしたが、自分の人生を歩んでいる時には、不思議と充実感があります。自分が成長しているという実感を持てる時は楽しく、世界の見え方さえも変わってくることもありました。

そのような人生を切り開く楽しさと喜びを伝えたいということがこの本の執筆やコーチングの原動力となっています。

とは言え、自分一人でそのような勇気をもてた訳ではありません。

思えば、人生の大事な時に助けになってくれた人、そっと肩を押してくれた方がいました。

日本での大学時代の先生が、「なんでオックスフォードは受けないの？　受験料はタダだよ。」と、その一言を言ってくれなかったら、私はオックスフォード大学を志し、そして修了することもなかったかも知れません。

この本がそんな一言や出会いとなり、勇気や励ましを多くの人に届けて欲しいという想いを込めて書きました。

この本を通じて、みなさんの人生が良い方向へ向かうきっかけを少しでも掴んでいただけたら、それ以上の幸いはありません。

さあ、これからの人生をブレずに生きていくための指針を一緒に学んでいきましょう。

自分の軸で
生きる練習

CONTENTS

はじめに……1

第0章
「自分の軸」とは何か

ランキングに踊らされる日本人……16

第1章

自分の頭で考える

いい人をやめてみる …… 26
「答えがない状態」を耐える力を磨く …… 35
答えのない時代の思考法 …… 44
オックスフォード式「思考の3ステップ」 …… 59
「考える」とはロジカルシンキング以上のこと …… 68
「信頼」が一番の価値 …… 75
世界に通用する「伝え方」について …… 87

第2章 ブレない自信をつかみとる

完璧主義をやめてみる……100
「わかりません」と言える勇気……107
自分の強みに目を向ける……112
危機の時にこそ強みが現れる……123
「意思表示」をし続ける……129
「自己主張を強くする」の誤解……136
一流の自信を得るための近道「同期現象」……145

第3章 決める力を養う

「決める」ことの重要性……156
「自分は何を大切にしたいのか？」を決める……161
職業に自分を合わせる時代は終わり……171
新しいことに貪欲になる……179
社会人が学びの習慣をつけるには……191

おわりに……198

第0章

「自分の軸」とは何か

ランキングに踊らされる日本人

就活、婚活、妊活、終活…「○○活」という言葉を見るたび、どう英訳したらいいのかと悩みます。

これらは日本にしかない特有の言葉だからです。

「○○活」という言葉には、ある1つのモデルが存在していて、それこそが正解であるというニュアンスがあります。

この「唯一無二の理想がある」という考え方は、日本人のランキング好きにも関係しているように思います。

例えば、偏差値、人気企業、芸能人のランキングなどです。

そんな話をしていたら、テレビ番組のプロデューサーをしている友人が、こんな話をしてくれたことがあります。

芸能人が神戸牛とオージービーフの2つを目隠しして味わい、どちらが高級かを当てる日本のテレビ番組の話です。

そして、彼はこう言いました。

「おそらくあの番組は、米国では人気が出ないと思う。だって、美味しいかまずいか決めるのは自分だから。仮に安いほうを美味しいと思っても、別に誰も気にしないから」

私もそれには一理あるなと思いました。

ブラジル人の友人に、こんなことを言われたこともあります。

「日本ではみんな太陽をオレンジ色で描くけど、ブラジルだったらピンクや緑色で太陽を描いてもいい」

人間は社会的な生き物なので、米国人だってそれぞれの社会階層のカルチャーに従うでしょうし、ある社会階層では高級肉の味がわかる能力は珍重されるでしょう。

ただ、ランキングがある限り、1つの指標に従った上下関係が生まれます。つまり「勝者」と「敗者」が作られるのです。

私たちの社会がある一定の指標を前提とする限り、その構造は変わりません。ランキングがあれば、自分の頭で考えて判断しなくて済みますから、人間はある種の「秩序」というか、一見もっともらしい理由にすがって安心したいのかもしれません。

しかしながら、そうした指標が妥当かどうか、または自分にとって役に立っているかどうかはまったく別の話です。

「足りない」という病

アメリカや欧米にも有名大学のランキングが存在しますが、それ以外の評価軸や選択肢がもっと存在します。

日本人はよく自信がないと言われますが、それにもこのたった1つの評価軸を信じ、自分の評価を委ねてきたことが関係していると思います。

なぜなら、ある1つのモデルを理想にしていると、いつも何かが「足りない」からです。

ある理想像のもとでは、私たちは常に「減点評価」の対象になります。

すると自分の能力や努力が足りないという強迫観念に急き立てられ、いつまでたっても満たされることがありません。

しかも、SNSが広く普及している現代は成功者の華やかな生活が目に入りやすく、作られた理想像と自分を比較して、自信をなくしたり、焦燥感に悩まされたりしやすい環境にあります。

なにより、残念なことに、自分に与えられた才能や経験を誰もが過小評価してしまいます。

社会の評価軸に合わないというだけで、自分の持っている資質を強みだと思えないのです。

1つの指標や理想像に価値を見出し続ける限り、その構造は続きます。

そこから解放されるためには、**他人がつくった指標や理想を追うのではなく、「自分にとっての指標」「自分はこれでいい」と思える「自分の軸」を持つことです。**

それこそ、「美味しいかまずいかは、自分で決めればよい」というスタンスは1つの方向性です。

そこまで極端な言い方をしなくても、ある物事に対してどう思うかは自分が決めればいいのです。

植え付けられた「理想像」を捨てる

そして、社会やメディア、学校や親から植え付けられた次のような「理想像」に自分が無意識に囚われていることにまず気づくことです。

例えばこういうものです。

男性は「弱み」を見せてはいけない。
女性は若くなければいけない。
いつもいい成績をとらなければいけない。
絶対に失敗をしてはいけない。
周囲の人に賞賛されなければいけない。
やるからには成功しなければいけない。

誰よりも優れていなければいけない。

スマートでなければいけない。

もっと痩せなければいけない。

人気者にならなければいけない。

かっこよくなければいけない。

おしゃれでなければいけない。

母親は常に子ども思いで優しくなければいけない。

まずこうした自分の中の植え付けられた「理想像」に気がつくことが改善のための大きな一歩です。

大抵、こうした信念は、自分の中で自動的にどんどん発生していて、無意識に影響していることすら気がつかないからです。

これに気づき、そして「自分の軸」に書き直していくことが大事です。


この本では、自分の軸で生きるために必要なことを大きく3つに分けて、紹介していきます。それは「自分の頭で考える」「ブレない自信をつかみとる」「決める力を養う」という3つです。

これまでオックスフォードや国連で学んだ、「考え方のコツ」とも呼べるエッセンスを凝縮しています。

この本が、「答えのない時代」を生きていくための、1つの指針となれば嬉しい限りです。

第1章

自分の頭で考える

いい人をやめてみる

「『いい人』のままでは、誰にも君のことを覚えてもらえないよ」

これは、私がオックスフォード大学を修了後、国連のニューヨーク本部で働いていたときに当時の上司に言われた言葉です。

ここでいう「いい人」とは、相手との対立を恐れて、自分の本当の思いを殺してしまう人のことです。

いい人は無難な意見ばかりを口にするけれど、そんなものは国連では何の役にも立たないし、誰の記憶にも残らない。

彼にそう言われて私はかなりショックを受けましたが、「確かにその通りだ」とも思いました。

当時、私は国連平和維持活動（PKO）に携わっていました。国連が扱う業務のなかでも最も直接的に紛争にかかわり、国際政治や人の生死にも影響を与える仕事が、単なるいい人に務まらないことは、私にも本能的にわかっていました。

同時に、いい人を否定することは、私にとっては大きなチャレンジでもありました。日本で生まれ育った私にとって、「いい人であることが悪い」と言われたこともないし、そのように考えたこともなかったからです。

ただ、そう言われて気がついたのは、いい人でいることは、大きな損もないように見えるけれども、その代わり得もしない、いわば「守りの姿勢」ではないかということでした。

なぜなら、「いい人」であることを演じることによって、自分の本当の意見や立場を表明する必要もないし、自分の意見がもしかしたら受け入れられなかったり、批判されるかもしれないという可能性を避けられる面があると思ったからです。

実際、国連本部で働きはじめてからまだほんの少ししかたっていないにもかかわらず、自分で気づいて唖然としたのは、自分の発言が「公式見解を繰り返す官僚の答弁」みたいになっていたことでした。

もちろん、国連というたくさんの国の利害がかかわる組織で働く上で、時にはそういった言い回しが必要な時もあります。

ただ、そうした発言を繰り返している内に、形式的な意見と自分の意見がだんだんと一体化していくように感じていました。

社会的役割とアイデンティティの同一化が起こる

私には米国やカナダで暮らすコーチ・カウンセラー仲間が何人かいるのですが、彼らに言わせると、「いい人」ほどトランプ氏が米大統領選に勝利したことに失望を感じていたそうです。

この場合のいい人は、「自分はいい人であるべき（はず）」、または「自分は正しい」という思いが強い人を指します。

例えば、社会的な役割が多い人、仮面（ペルソナ）を何重にもかぶっている人、公的な立場と自分のアイデンティティが一体化している人などがこれに当たります。

特に欧米では、社会的地位の高い人ほど「ポリティカリー・コレクト」（発言やふるまいに差別や偏見がなく、道徳的）であることが求められるので、肩書きや社会的役割と自分のアイデンティティが同一化されていく傾向が強くなります。

職業で言うと、教師、医師、看護師、ソーシャルワーカー、弁護士、経理担当者、公務員などが当てはまります。

もちろん、トランプ大統領の乱暴な物言いや、移民・イスラム教徒に対する差別的な発言に、純粋に怒りや不快感を覚えた人も多いでしょうが、「自分はいい人で正しい」と思っている人ほど、トランプの傍若無人な言動が許せないと感じたそうです。

こうした性質はいわゆる「正義感」が強い人にとくに当てはまるようです。

人間には誰でも強みと弱みがあります。

自分のなかにはいい部分もあれば、嫉妬や無力感に苦しむ嫌な部分もあることをみんな理解しています。

しかし、「自分はいい人で正しくなければいけない」と思い込んでいる人ほど、人間の性質をありのままに受け入れることが難しくなってしまいます。

「いい人」ほど怒りをため込む

いい人でいることのもう一つの恐ろしい弊害は、いい人を演じ続けなければいけない義務感、そしてこうすれば人から評価されるという期待感に囚われてしまうことです。

ニューヨークで働いていたときの私は、能力も努力も常に足りない気がして焦燥感とストレスに悩まされていました。

今思うと当時の私を苦しめていたのは、「国連の本部で働く人はこうあるべき」という思い込みと、「自分をそう見せなければ」と自ら課したプレッシャーでした。

このように、私たちは人に認められたいあまりにヘトヘトになり、心をすり減らしてしまうのです。

しかも、そんな人ほど実は心のなかで怒っているのです。

「自分はこんなに我慢しているのに」「自分はこんなに尽くしているのに」と思う一方で、相手からは期待するような反応や評価が返ってこないことに対して、常にイライラや不満をためているのです。

これは非常にストレスです。

自分の満足は相手の反応次第になってしまうからです。

当然ながら、他人の言動はコントロールできません。


私が長年の海外生活を経て日本に帰国して驚いたのは、日本人の「受動攻撃性」の高さでした。


受動攻撃性とは、あからさまに怒りをぶつけて攻撃をするのではなく、無視、無関心、冷めてる、何も言わない、連続して遅刻やミスをするなどの無気力な態度で怒りや抗議を示すことを指します。

私は日本人特有のこの性質を、満員電車の乗り降りのときに特に強く感じました。

これも恐らく普段からいい人を演じていることからくる弊害なのだと思います。

いい人は、自分の意見を持たない、もしくは自分の意見よりも他人の意見や価値観を優先させることによって、自分で自分を傷つけています。

我慢し過ぎて自分の本当の気持ちややりたいことがわからなくなってしまいます。

そのため、やる気を失い無気力に陥り、鬱を発症するケースさえあるのです。

つまり、いい人でいることは、成功の妨げにもなるのです。

「いい人」になってしまう原因として、他人からの評価を気にしすぎることに一因があります。

ですのでまずは他者評価ではなく、自己評価を重視しましょう。

例えば、1ヶ月前や昨日の自分より成長できたかどうか、で判断してみてください。

自己評価を積み上げていけば「いい人」から徐々に抜け出せるはずです。

「答えがない状態」を耐える力を磨く

米軍の特殊部隊の採用試験でもっとも難しいのは、射撃技術でも格闘能力でもなく、人里離れた道をただひたすら走る訓練だといいます。

この試験が「もっとも苦しい訓練」なのは、30kg近い装備を背負って走らなければいけないからではありません。

何km走れば終わりなのかを教えてもらえないからです。

5kmでいいのか、15kmなのか、はたまた50kmなのか？

そのため、受験者の「戦略」も人それぞれ。勢いよく飛び出す人もいれば、エネルギーを温存しながら慎重に走る人もいます。

体力がどんどん消耗するなか、もっとも辛いのは、肉体的疲労よりも精神的な疲労だといいます。

どこまで行けばこのレースが終わるのかわからないという重圧に耐え切れず、多くの候補生が脱落してしまうそうです。

この試験で評価されている能力とはいったい何なのでしょうか？

それは、この先に何が起こるのか明確にわからない状況に耐えながらモチベーションを保ち、自分の意思と判断を信じて進むという資質です。

米国では、こうした「答えがない状態に耐える力」こそが、特殊部隊の任務の遂行だけでなく、ビジネスにも子育てにも個人的な人間関係にも役に立つものとして捉えられています。

答えがない状態は人を狂わせる

では実際のところ、私たちはどれだけ「答えがない状態」に耐えられるのでしょうか？

先の見えない状態に置かれたとき、人間はどんな反応を示すのでしょうか？

私はこの疑問の答えを、ある実験から得ることができました。

ハーバード大学大学院ケネディースクールの教授による、「リーダーシップ・トレーニング」に参加していたときのことです。

その実験は突然始まりました。

このトレーニング（授業）は、ケネディースクールの学生の間でも、「最も不思議な授業」だと言われているそうです。

なぜなら、教授はその時間が始まるなり、Let's begin. と言ったきり、椅子に座っているだけで何もしないのです。

しばらく沈黙があった後、部屋はざわざわとし始め、しびれを切らした参加者がポツポツと発言を始めます。

その場において公式な権威を持つ教授が、その権威を一旦棚上げして、参加者の発言や行動、ディスカッションに「学び」を委ねます。

企業、大学、ＮＧＯなどから集まった32人の参加者の反応はまさに千差万別でした。

グループをまとめようとする人、何らかの答えを出そうとする人、議論を始める人、イライラする人、批判を始める人、黙ってしまう人……。

「答えがない状態」に対して、人間はかなりの動揺と不満を示すことがわかりました。

典型的な反応は、次のようなものです。

・恐れる
・怒る
・批判する
・コントロールしようとする
・クールなふりをしようとする
・見ないふりをする
・黙る

実験の後のディスカッションでは、続けて、「グループ全体でどういった行動が起こって自分はなぜあのとき、そういう行動をとったのか?」という点について振り返りました。

その実験自体に決まった答えがある訳ではなく、それぞれの行動が正しかったか、間違っていたかという訳でもないのです。

この実験の大きなポイントは、自分にいつも以上のストレスがかかった時、または未知の領域を体験した時、自分はどういう反応をするのかという自分のパターンを知ることでした。

この実験において示されたように、「答えがない状態」に陥ると、間違えたり、見くびられたり、自分は劣っているのではないか、評価されないのではないかといった不安のために、人はせっかくのアイディアや必要な意見を言わなくなる傾向が強くなります。

こうした人間の行動心理が、水面下でイノベーションをつぶしてしまったり、人が新しいことに踏み出すのを躊躇させる背景にあるとも言われています。

つまり、その部屋で起きたことは、そのまま私たちが実際の会議やプロジェクトで体験すること、また、新しいことを始めようとする時のパターンと同じであると、捉えられていました。

また、今のような変化の時代にわたし達がどう感じているかと示した実験でもあります。

私たちはいろんなレベルで社会の変化を感じています。

「未知」と「予測できない」ことが日常になってきています。

そんな日常を表す言葉として、ＶＵＣＡワールド（Volatility, Uncertainty, Complexity & Ambiguity World、変化が激しく、不確実性の高い、複雑で曖昧な世界）という単語も生まれました。

内戦やテロリズム、景気後退や未知のウイルスによって世界的な政情不安に陥っている昨今。

その理由の一つは、未知の不安に向き合い、答えがすぐに出ないような複雑さや答えのない状態に耐えることができず、「不正確でもいいからより単純な答え」を求め、自分に安全をくれると感じられるより大きな集団に帰属感を求めるからだ、という指摘もあります。

ハーバード大学で「一番影響を受けた教授」にも選ばれ、同大学でリーダーシップを教えるディーン・ウィリアムズ教授は、「本当のリーダーは答えを示さない勇気を持てる人であり、これからの時代のリーダーに求められる大きな力の一つは、『答えがない状態に耐える力』だ」と言っています。

「新しいこと」を避けない

私たちは「すぐに答えの出ない状態」や「未知の状態」に耐えるのが苦手で、必要以上に避けることがあるために、同じやり方を無意識に繰り返したり、新しいことを始めることがおっくうになってしまうことがあります。
別の言い方をすると、自分が初心者になることや、自分が何も知らない状態になることを避けがちであるとも言えます。

でも、それでは同じやり方と同じ結果しか生まないのですね。

いつものやり方を疑ってみたり、何も知らないと思うときオープンである時こそに、新しいアイデアや創造性が生まれると言われています。

答えがない状態は心地が悪いかも知れないけれども、無理にありきたりの答えや表面的な答えを出して終わらせようとするのは悪手です。
その心地悪さにも耐えながら、本当の答えができるのを待つ必要がある時というのがあるのです。

答えのない時代の思考法

私たちはいま、前例のない「答えのない時代」を生きています。

国際情勢から為替の変動、そして新型コロナウイルスまで、「未知なこと」や「予測不能なこと」が日常的に勃発し、1つひとつのできごとが複雑に影響し合って、日々の生活や働き方などが思わぬ方向に進む事態も発生しています。

その変化の速度は、ますます加速しているといえます。

このような状況下では、すべての問題を解決してくれる唯一無二の答えなど存在しません。

そんな「答えのない時代」に、自分にとって必要な答えを導き出すためには、どんな能力が必要なのでしょうか？

その1つが、**考え方の軸**を持つことです。

万能な答えのない状況では、1つの答えを追求するより、「いかに考えるか」ということのほうが重要だからです。

オックスフォードの真髄「チュートリアル」

私は英国のオックスフォード大学大学院で、答えのない状況での思考法を本格的に学びました。当時は人類学の修士課程に在籍していました。

オックスフォードに入学して驚いたのは、教授と学生が1対1、もしくは1対2で対話をしながら学ぶ「チュートリアル」という指導体制がとられていたことです。

多くの大学では、講義における議論への参加ぶりや提出した課題の内容によって評価されるのに対し、オックスフォードではこのチュートリアルこそが、学びの中枢になります。

講義はチュートリアルを補完するものと考えられていて、数もそれほど多くはありませんでした。

渡英する前から、オックスフォードOBの方に「チュートリアルこそが、オックスフォードやケンブリッジの学びの真髄なんだよ」と聞いてはいましたが、「本当にそれだけで、修士課程の勉強が成り立つのだろうか?」と正直なところあまりピンときていませんでした。

はじめてのチュートリアル

入学式の日、緊張と興奮に胸をはずませながら、オックスフォード大学に到着。

そこにいるだけで中世にタイムトリップしたような気分になる重厚で美しいキャンパスの一角に、在学中お世話になる寮がありました。

その1室に落ち着くと、すぐにチュートリアルの日がきます。

チュートリアルは週に1回1時間ほど、教授1人に対し学生1～2人でおこなわれます。

学生は毎週与えられたテーマや課題についてチュートリアルの前にリサーチし、質問に対する回答を小論文にまとめてくることが求められます。

学生には1回の授業で、20～50冊という大量の文献リストが渡されます。それらを読んで、先行研究を把握し、論点をまとめて、小論文を通じて課題の質問に答えるのです。

言うは易し。

学期が始まるやいなや、学生たちは全員「メンタル・アスリート」のような日々を送ることになります。

当時はまだ文献がデジタル化されていなかったので、学生はみんな雨のなか自転車を走らせ（英国では本当に毎日のように雨が降ります）、図書館のコピー機で黙々と文献をコピーし続けたものです。

そして大量の文献と格闘し、「何度読み返しても意味がわからないのは、私だけなんじゃないか……」と毎回落ち込みながら、なんとか結論らしきものを書き終えます。

課題に結論はない

その後に休む暇もなく、徹夜明けの眠い目をこすりながら、緊張したまま教授の部屋をノックして、週1回のチュートリアルが始まるのです。

まずは教授と簡単にあいさつを交わした後、自分の書いてきた小論文を声に出して読むように促されます。

私の担当教授はあまり多くを語らない方でしたが、読み終わるとたいていこう質問します。

「この部分はどういう意味？　もう少し説明してくれる？」

「どうしてそういう結論になったの？」

チュートリアルのペアの学生である南アフリカ出身のクラスメートに「あなたはどう思う?」と意見を求めることもありました。

その週のチュートリアルが終わると、緊張と膨大な量の文献から解放されて、いったんはホッとした気分を味わいます。

しかし、授業の最後に教授が課題の結論をいうわけでもなく、模範解答や資料、パワーポイントが渡されるわけでもなく、何かを理解したという確かな手ごたえがあるわけでもありません。

「私が勉強していることは、どこに向かっているんだろう?」と、雲をつかむような作業が果てしなく続くように感じたものでした。

気の遠くなるような作業でした。

それでも、いま振り返ってみると、実はこの「プロセスの反復」こそが、いかに考えるかを教えてくれた最強の機会だったのです。

オックスフォード流「考えるステップ」

たった1つの答えを導き出す代わりに、学生はチュートリアルで何を学んでいるのでしょうか？

その問いに答える前に、まずはチュートリアルの思考のプロセスを紹介しましょう。

①これまでの論点を言語化し、整理する

毎週新しいテーマに関する文献を大量に読むことによって、テーマを理解して言語化し、論点を整理します。

何十年、何百年もかけて積み上げられた先行研究の内容を「自分の言葉」で表現する作業です。それをもとに、いままでに何が明らかになっていて、どんな課題があるのかという点について、自分なりの結論を出して小論文にまとめます。

オックスフォードではこの作業を1年間で8週間×3学期＝計24回繰り返します。

②不明確な点を明確にする

完成した小論文を教授に提出すると、チュートリアルが始まります。教授によく聞かれたのは、「それはどういう意味？」という質問でした。

この単純な質問を繰り返されると、不明確だった部分が明確になっていきます。自分のなかできちんと理解できている場合はそれなりに回答できるのですが、理解できていない場合はうまく言葉にできずに説得力のある答えができないからです。

この質問のおかげで、自分の理解の曖昧な点を明らかにすることができます。

③結論に至った思考の前提を確認する

次に聞かれたのは「どうしてそういう結論になったのか？」ということでした。

この質問によって、全体の論理展開に矛盾がないか、自分の考えのもとになっている前提は何かを確認していきます。

④洞察を深める

その上でさらに、洞察を深めていきます。

自分の理解や情報が足りない点をクリアにしたうえで、さらにどう思うか聞かれたり、「こういう別の見方もあるけど……」と、反対意見に対する考えを求められます。

自分とは違う意見と比較することで、自分の視野や選択肢を広げ、その上で改めて「自分にとっての結論は何か？」をよりはっきりさせることが狙いです。

⑤理解を積み上げる

こうしたプロセスのなかで、唯一の答えを求められることはありませんでした。

むしろ、答えは1つとは限らず、多彩な視点があってよいことが強調されます。

そして、「誰も1人では理解を深めることはできない」という前提のもと、自分とは違う意見にオープンに耳を傾けて、自分自身の思考プロセスを確認する作業を続けるように促されました。

チュートリアルでは、クラスメートの存在や教授からの「なぜその結論になったの？」という問いかけのおかげで、「なぜあなたはそのテーマに興味があるのか？」といつも自分の根源について問いかけられているような気になったものでした。

大事なのは「積み上げ」

この思考のプロセスを繰り返すうちに、私は「理解や答えはある日、突然湧き出てくるものではない」ということに気が付きました。

ひらめきが何千回、何万回もの地道な情報収集と試行錯誤の末にやってくるのと同じで、「考える」作業も、成功体験を1つ1つ積み重ねていくことで、新しい答えやオリジナルな答えに到達します。

つまり、「理解する」ということは、思考と洞察の「積み上げ」によってもた

らされるのです。

かつてアインシュタインは、「大切なのは、疑問を持ち続けることだ。神聖な好奇心を失ってはならない」と言いました。

彼の言うように、この変化の激しい時代において力になるのは、疑問や好奇心を通じて自分自身への理解を深めることであり、同時に、他者と意見を交わしながら、丁寧に目の前の課題に対して向き合っていくプロセスです。

オックスフォードでの体験によって、私は答えのない課題に向き合うための「メンタリティー」を構築することができました。

とはいえ、現在学校に通っていない方は普段の生活や仕事をしていく中で、自分自身でどのように課題に向き合っていけばいいか、理解を深めていけばいいか、イメージしにくいかもしれませんね。

答えがないように見えるときこそ、次の3つの「問いかけ」を行い、目の前の課題を整理してみてください。

①「何が問題なのか？」
②「これまでに何が明らかになっているのか？」
③「どのような選択肢・対策が良いのか？」

オックスフォードを卒業して数年後、私は国連で東ティモールや南スーダンといった民族や宗教が複雑に絡み合う「予測不可能」な紛争の現場で働くことになるのですが、そこでこの力が助けになるとは、まだ夢にも思いませんでした。

これらは、現在コーチングのプロとして活動する中でも、常に念頭に置いている思考のステップです。

一見複雑に見える出来事や新しいテーマであっても、自ら調べ、１つひとつわかる範囲が増えていき、自分の中での理解が深まっていくにつれ、これまではわからなかったことが確実にわかるようになっていきます。

この３つの問いを繰り返しながら、知識と理解を積み上げていくと、一見難しいことに対しても自分で必要な「答え」がわかり、自ら判断できるようになっていきます。

自分で答えを導き出し、「わかっていく」体験は、確実に自信となり、人生においても大きな力となってくれることでしょう。

思考のステップについては次のページで詳しく紹介します。

オックスフォード式「思考の３ステップ」

オックスフォードの考えるステップを実際の課題にどのように実践していったらいいのかを見ていきましょう。

大切なのは、次の３つの問いかけです。

①何が課題（目標）なのか？
②これまでに何が明らかになっているのか？
③どのような選択肢・対策が良いのか？

物事を考える時、これらの３つの問いかけを通して考えると、ブレない思考が形成されていきます。

私自身、オックスフォードではもちろん、国連で勤め、現在コーチングをする際にも役に立っている「考え方の軸」のようなものです。


ここでは新型コロナウイルスの一連のニュースを事例にして、どのように情報を受け止めていけばよかったのか上記のステップに当てはめながら、整理していきます。


デマが回ってきたり、各ニュースで色んな情報が飛び回り、間違った情報を鵜呑みにしてしまった人もいらっしゃるかもしれません。

現時点（２０２０年４月時点）において１つの答えがない事例ですので、ここで見ていきたいのは事例ではなく、あくまで「考えるステップ」です。

「考えるステップ」を持つことで、他人の言動に振り回されない力、情報に踊らせれない力をつけることができます。

①何が課題（目標）なのか？

まずは、この質問で自分の中の「課題を明確化」させましょう。

ここではシンプルに、「新型コロナウイルスからの感染から自分と家族の身を守ること、そして自分も人にうつさないようにすること」とします。

②これまでに何が明らかになっているか？

次のステップは、これまでの事実を明らかにすることです。

ここで大事なのは、まず「事実」と「意見」を判別することです。

意見とは、人が自分の経験や心に思うところ、価値判断に基づいてある問題に対して行う主張や考えです。「明日にはロックダウンが起こるかもしれない」「日本では海外ほどの被害はない」など、百人いたら百通りの意見や主張があるとも言えます。

自分の頭で考えるために注目するのは、まず、人の「意見」ではなく、「事実」

です。

最初から人の意見を取り入れるのではなく、「今自分が本当に知る必要があることは何か？　知るべきことがわかったか？」と疑問を持ちましょう。

コロナウイルスからの感染から、「自分と家族の身を守りたい、そして自分も人にうつさないようにする」ために、知らないといけない事実を明らかにしていきます。

少し時計の針をさかのぼって、あなたが今２０２０年2月20日にいるとします。日本の感染者がまだ70人だった時の頃です。

海外での感染者は増えていましたが、非常事態宣言が日本でも出されるとはまだ現実的に想定している人があまりいなかった時点でのことです。

それに対して、初期の段階でわかっていたことは次のような情報でした。

・どのように感染するか？
⇩感染は口、目と鼻から入る。主な感染方法は、飛沫感染と接触感染であるということ。
・どれ位の感染力を持つ菌で、その菌はどうしたら死滅するのか？
⇩菌の感染力は石鹸での手洗いとアルコール消毒で死滅する程度のものであること
・菌の潜伏期間はどれ位か？
⇩潜伏期間は２週間前後

感染方法を知って、次に、それに対する対策（この場合は予防）をとることができます。

事実に基づいて、自分の頭で一旦自分なりの結論をだしてから、それが妥当かどうかを人の意見と合わせて、判断していくというステップを経ることが自分の頭で考える力をつけていくためには重要です。

③どのような選択肢・対策が良いのか？

次に問いかける質問は、どのような選択肢があるのか？
そのために今できることは何かということです。

これを新型コロナウイルスの予防に当てはめると、

・手洗いを徹底する
・人が密集する場所は避ける
・手で目や顔周りに触れないようにする

などとなります。

実際には、私たちが生活を送る上で、様々な状況や要因が加わってきますが、ここまで、考えるステップを当てはめて情報を整理しました。

今回の新型コロナウイルスのような事態では、国外の状況も日々変わっていき、情報が更新されていきました。

状況が変わり、情報が常に更新されていくように見える中でも、考えるための3つのステップでやることは同じです。

自分にとっての課題と自分が知るべきことを明確にした上で、新しい情報と新しい選択肢があるかどうかを確認することです。

全ての状況が今すぐに解明、解決されるわけでもなく、仮に、動きたくても今すぐに動けるような状況ではない、というようなもどかしい状況があったとしても、「自分の課題は何か？　今、自分が一番知らなければいけないことは何か？では何をすればいいか？」

この3つがわかっていれば、日々の情報や外部の状況に圧倒されることなく、より落ち着いて考え、判断をすることができるようになるはずです。

思考の質は最初の問いで変わる

より思考の質を上げるためには、最初の課題設定のレベルを上げる必要があります。

私たちの思考の質は、自分が設定するゴールや目指す到達地点によって大きく変わってくるからです。

到達点がなければ、具体的な質問も浮かびにくいですし、どこへ向かっているのかがわからないので、自分の中の思考もその段階で止まってしまうか、または、同じところをグルグルしてしまいます。

例えば、あるプレゼンの機会があるとして、どうしたら恥をかかずになんとか失敗せずに終えることができるか？

というだけを考えていたら、そのレベルで思考が止まってしまい、実際の結果もそれ以上になることはないでしょう。

または、どうしたらよりよいプレゼンになるのか？
相手はいったい一番何を求めているのか？
どうしたら、このプレゼンの価値を上げることができるか？
という質問を立てることもできます。

そうして質問の質が上がることによって、あなたの思考のレベルも上がっていきます。

思考の質を上げるためにも、すぐに答えがでなかったり、今は答えが出ていないという状態に慣れていきましょう。
そういう状況でも、よい質問を問い続けるという習慣を身につけることができるといいと思います。

「考える」とは
ロジカルシンキング以上のこと

オックスフォードで学ぶチュートリアルは、ある考えに対する根拠を確認し、誤りや偏りがないかを確認し、さらによい考えを探る思考法です。

論理的思考は自分の出した結論が自分よがりになっていないことを確認し、日常的にも説得力のある意見や生産的な結論を導き出すために重要な土台です。

一見複雑に見える現象や新しいテーマであっても、自分で調べ1つひとつ知識と理解を積み上げ、これまではわからなかったことがわかるようになっていくのはとても楽しい体験です。

やはり、人間の中には成長したいという欲求があるのだと思います。

考える力というのは、ロジカルシンキング以上のものです。

オックスフォードの入学式では、ここで知識を得ることが終わりではなく、あなたはどう社会に貢献したいのかを考え続けることが大事だと言われたことをよく覚えています。

この場合の考えるということは、様々な出来事に対して自ら考え、学び続け、自分が成長することと言えるでしょうか。

実際の社会生活では、私たちは自分の考えを人に伝え共有し、また相手の意見も聞きながら、その考えをさらに深め、新しい価値を生み出していきますから、考える力というのは全体的なものであるとも言えます。

それを私がより自覚するようになったのは、オックスフォードでの食事の席でした。

オックスフォードとケンブリッジには、教授も学生も全員が寮にあたるカレッジに所属し、一緒に食事をするという伝統があります。

学生も教授もカレッジ内で暮らし、そこで生活をしながら、日中はそれぞれの研究所に通い、チュートリアルや講義を受けます。

なぜそのような伝統があるかと言うと、全く違う専門分野の人たちの多様な意見に触れることによって、自分の発想を広げることが、自分の研究の質を高めるという考え方があるからです。


カレッジで一緒に食事をする人たちは自分の専門分野とはまったく違うことを勉強している人たちなので、自分が取り組んでいるテーマについてまったく違うバックグラウンドや関心を持つ人に話すことになります。


ですので、専門用語でごまかすこともできず、その分野の人たちだけに通じるトピックに逃げることもできません。

一番困ってしまったのは、こちらが自分のことを話し、相手も自分のことを話すのですが、そこから会話が盛り上がるわけでも先に展開するわけでもなく、互いにそこからどうしたらいいのかがわからなくなってしまった時でした。

クラスメートとの議論でも似たようなことを体験した事がありました。それぞれが自分の意見を表明するのですが、それぞれが言いたいことを言ったままでそのままで終わってしまったのです。

国連でも、弁の立つ人が主張を展開するのですが、ただ一方的に自分の考えを述べるだけで、議論がすれ違いのままで終わってしまったという事がありました。

論理的に優れた考えや意見を持つことと、建設的な話し合いや結果を生み出すことができることと、別のことであるということを実感しました。

議論を建設的に進める質問

　そのうちに、会話を続け、議論を建設的な方向に向けていくための効果的な質問があることに気づきました。

「どうしてそのように考えるようになったのですか？」という思考の過程に目を向ける質問です。

「どうしてそのように考えるようになったのか？」という質問は、論理的な根拠に限らず、その人の個人的な体験なども含まれます。

　その質問から、思いがけない発見があって、全体像がわかるようになったこともありました。

　人は聞いてもらうと大抵の場合喜んで話してくれるので、そこから接点がみつかるようになった、ということもよくありました。

　ディベートは、相手の議論に「欠陥」をみつけ、自らの意見の優位性をみつけるというスタンスに立ちますが、仮にそれで相手に「勝った」としても、実際の社会ではそれで相手の協力を得られたり、根本的な問題が解決されるわけではありません。

特に、今のような変化の激しい時には、議論に勝つことよりも対話的なアプローチが求められます。

対話とは自分の現状認識と結論だけを述べるのではなく、よりよい結論や共通点を求めて、どうしてその結論になったのかという過程、前提、思い込みなどを含めた思考プロセスをお互いにオープンにし、伝えあい、理解するために耳を傾け合うという姿勢です。

米航空会社ジェットブルー航空を立て直した功績で知られるジュエル・ピーターソンCEOは、相手の意見を聞く時に、必ず「その考えに行き着くまでに他にどんな選択肢を検討しましたか？」と聞くそうです。

その質問によって、結論だけでなく、相手が課題そのものをどう見ているかという思い込みや思考プロセスを確認してからその意見を判断する、と言っています。

これも結論だけでなく、考える過程を大事にしている例の1つです。

目先の結論に落ちつたり、わかり易い結論に飛びつきたくなったとしても、一歩止まって前提や思い込みがないかどうかが大切です。

ぜひ、「どうしてそのように考えるようになったのですが？」という質問をしてみてください。

「信頼」が一番の価値

人間はそれほど理性的ではありません。

例えば、「経済は感情で動く」という本では、人は何かを選ぶときに、合理的に判断しているつもりでも実際には感情といった要素の方が強く判断に大きく影響するという例がたくさん紹介されています。

世界累計200万部のベストセラー作家であるマルコム・グラッドウェルは、34カ国で翻訳された「『最初の2秒』の『なんとなく』が正しい」で、長時間考えてたどり着いた結論よりも、『最初の2秒』でもたらされた直感やひらめきの方が正しい、と言っています。

これまでの教育制度や従来のビジネス慣習では、感情などの主観的なものは出来る限り排除して考え、説明し、対処できることがプロフェッショナルだと思われてきました。

ただ、最近は商品の性能だけでなく共感といった要素が購買の基準になっていることに見られるように、「人が何かを選び、判断する理由は合理的な要素だけではない」ということ、そして、この合理的な要素でない部分の方がビジネスやプレゼン、人間関係の成功に大きく影響している、と言われています。

とくに、今の時代に大きな価値となるのは「信頼」です。

なぜなら、スマホと一緒に寝起きをするような「情報洪水の時代」を生きる私たちは常に「この情報が正しい」「これを買えば幸せになれる」「これを信じれば上手くいく」、といった無数のメッセージや広告にさらされ、大量にやってくる情報に対して守りの姿勢にあるからです。

相手は常にアンテナをはっていて、「あなたの情報は耳を傾けても大丈夫なのか？」「あなたの情報は信頼できるのか？」とあなたのことを判断しているのです。

つまり、まずあなたと相手との間にある溝に橋をかけないと、こちらが相手にとってどんなに有益な情報や商品、サービスを持っていたとしても耳を傾けてもらえないのです。

同時に、人は信用したいと思っています。

人を信じたい。

善を信じたい。

世界はいいところだと信じたい。

なにより自分を信じたい、と思っています。


でも、そう思えない時もあるからこそ、人は信頼できる人や対象を常に求めています。

だからこそ、信頼が大きな価値となる時代なのです。

信頼してもらうには、あなたの人となりを知ってもらうことです。

聞き手があなたに求めているのは知識だけではありません。あなたの本音から生まれる言葉やあなた自身の個人的な経験です。


私は米軍の専門家としてスリランカ軍に派遣され、国連の平和維持活動について教えるトレーニングの教官・講師をしていた時に、ある難しい質問をされた時に、「正しく答える」をやめて、国連の公式見解も米軍のコンサルタントという立場もすべてとっぱらって、「自分がどう思うか」という個人的な体験を語ったことで、逆に信頼を勝ち得たことがあります。

「正しく答える」よりも「自分の意見」を答える

少しその時のお話しをしたいと思います。

スリランカ軍といえば、26年も続いた内戦の当事者で、内戦終結時には制圧を断行したことで何十万人もの犠牲者を出し、国連の人権委員会などから批判を受けていた張本人でもありました。

研修が始まったものの、最初の数日は、相手は紛争解決や国連ＰＫＯについてどれだけ本気なんだろうか？　と、しばらくお互いに「腹の探りあい」のような状況が続きました。

さて、今日もそろそろ研修が終わりという時、講義の最後の最後に質問の手があがりました。

「とはいっても、国連はシリアで何も出来ていないじゃないか？」

部屋全体に緊張が走り、部屋にいた全員の視線がいっせいにこちらに向けられたのを感じました。

なるほど。

この予期しなかった質問に一瞬ドキッとしましたが、同時にこの質問はしごく健全なコメントだとも思いました。

なぜなら、私自身を含め、全く同じようなフラストレーションを感じていましたし、もし逆の立場だったら、私もまったく同じような質問をしたかも知れなかいと思ったからです。

その質問に対してはいろんな角度から答えることはできましたが、この発言の真意は別のところにあると感じました。

その質問の真意とは、

「公式意見じゃなくてあなた個人の意見を聞きたい。」

もっと言うと、

「あなたはどういう意気込みでこの課題を捉えているんだ？」

さらに言うと、

「あんたってどんな人なんだ？」

そして、究極的には「僕たちは内戦をしてきた軍隊なんだ。理論も単なる理想主義も信じられない。どうしたらあなたの言うことを信じられるんだ？」ということだったと思ったのです。

経験上、こちらの本気度が試されていることを直感的に感じとった私は、腹をくくりました。

私は真っ直ぐ彼の方に向きなおし、ゆっくりと一言一言はっきりと話し始めました。

「私個人の意見をお話しします。」

その瞬間から、流れが一気にガラッと変わったのをはっきりと覚えています。

私は驚くような解決策を提示したわけでもなければ、誰もがはっとするような意見を述べた訳でもありません。

ただ、その地球的な課題に対して今自分がどう考えているのか、何が本当の問題だと思うのか、どんなことが必要で大切だと思うのか、を自分の言葉ではっきりと伝えました。

何を言ったのかは正直もう覚えていません。

でも、そこから「じゃあ、あなたの言うことに耳を傾けてみようか」という相互プロセスが確かに始まったのです。

その日以来研修は順調に進み、スリランカ軍の参加者が個人的な体験を打ち明けることもありました。

国連や外部の調査団の立ち入りを何度も拒否してきた歴史を考えると、まったく私の予想を超えた展開でした。

「自分の言葉」で伝える

この件以来、私は正直に自分の考えや体験を伝えることで信頼を得ることができることを体験して、とても楽になりました。

人が話し手や講師、リーダーに求めているのは知識だけでなく、その人の体験やそこから生まれたその人自身の考え方なのです。

そして人は「信じられるもの」があると目の前の問題さえ克服していく力を取り戻すことができることを、この体験から学びました。

人は知らない人を信頼しません。

でも、人は信じたいのです。

データや分析、数字だけでなく、あなたの言葉でなぜこれがいいと思うのかを伝えてください。

人はクールで冷静なビジネスマン・ビジネスウーマンとしてのあなたではなく、人間としてのあなたを知りたいと思っています。

あなたという人はどんなことを大切にしているのか自分の言葉で伝えてください。

「完璧な人」ではなく「リアルな人間」としてのあなたはどんな人なのか相手に見せてあげてください。

相手にあなたを信じさせてあげてください。

あなたが自分に正直にオープンになれば、あなたの心と相手の心の間に言葉を超えた「橋」がかけられていくはずです。

世界に通用する「伝え方」について

私の大学卒業後の一番初めの仕事はドイツ、ドレスデンにある旅行会社でのツアーガイドでした。

ドレスデンは旧東ドイツの街ですが、2時間ほどでチェコのプラハがあり、そしてその先にはハンガリーのブダペストやウィーンがあるなど、東欧一帯を周る周遊が旅慣れた旅行者の注目先になっていた時期でした。

アメリカ人旅行者に次いで日本人観光客が多かったので、日本語でツアーガイドが出来る人が欲しいということ、日本人の視点から新しいツアーを企画したりして欲しい、ということでした。

当時ドイツの企業を選んだ目的は、国連で働くための「多国籍な環境で働くための資質」を身につけることだったので、「対人的な仕事」を優先順位としていたからです。

人と接することに価値をおくのは国連時代も今でも変わっていませんが、今改めて振り返ってみると、このツアーガイドという仕事を通じて「プレゼン能力」が大変鍛えられたのです。

国連時代にもつながり、今でもプレゼンや表現活動はもちろん、どんな仕事にも関係する人間関係のスキルの「一番大切なこと」を実践の中で学ばせてもらったと思います。

「目に見えない価値」を提供する

ドレスデンという街は、ヨーロッパ有数のオペラハウスがあったり、美術館にはラファエロの絵画もあったり、歴史も芸術もとても豊かなところで、覚えなければいけないことは沢山ありましたが、芸術や音楽、東ドイツの歴史などしゃべる内容に困るということはありませんでした。

とはいえ、一番初めのツアーはともかく覚えた内容を伝えるのに必死で、最初から最後まで緊張でドキドキしっ放しでした。

つたない喋りで途中つっかえたりもしたのに、初めてのツアーのお客さんから暖かい拍手をいただいたことは、ありがたくて今でも覚えています。

涙が浮かんでいたかもしれません。

最初の数回はともかく一生懸命で楽しむ余裕もなかったのですが、幸いに「一生懸命でよかった」と言ってくれる優しいお客さんたちに恵まれ、なんとか回を重ねて、最低限のことはそれなりにスラスラと言えるようになりました。

ただ、旅に慣れたお客さんはそれだけでは満足できないでしょう。

数回のガイドを終えて気づいたのは、東ヨーロッパ（ドレスデンのような芸術の街）のツアーガイドというのは、「目に見えない価値」を提供する、というなかなか難しい仕事だ、ということでした。

行き先は東ヨーロッパですから、お客さんはある程度旅慣れた人たちです。

定年退職をしたからゆっくり旅行をしよう、というご夫婦などでが中心です。

非日常を楽しみたい、綺麗な街並みの中でカフェでお茶をしたい、ヨーロッパの美術や芸術をじっくり味わいたい、自分の世界を広げたい、ドイツ文学の軌跡を感じたい、ドイツの統一や東欧の歴史について感じたい、など理由は様々です。

ですから、私が旅行客だったらどういうことを知りたいだろうか？　ということを試行錯誤しました。

日本と共通点があることを知るとより親近感もわくだろうと考えて、博物館の伊万里焼について触れてみたり、戦争からの復興という点でも日本と共通点があるので、戦後のドレスデンと今のドレスデンを一瞬で比較できるように、第二次世界大戦後の焼け野原の街の様子を絵ハガキにしたものをお見せすることもありました。

また、実際に旧東ドイツに実際に住んでみての感想を加えたり、日々反応を見ながら、よりわかりやすい言い回しに変えたり、またグループの反応を見ながらエピソードを選んだり、強調するところを変えたりすることもできるようになりました。

相手の反応を見ながら、内容を変えていくのは今のコーチングや軍人に講師を務めた時にも同じです。

そんな工夫を続けていると、日本との取引きをほぼ一手に引き受けるスイスの大手旅行会社から連絡をもらいました。

帰国されたお客様のアンケートで何度も私のガイドが「とてもよかった」という感想が何件もあったというのです。

そんな感想をもらっていたことに、私自身がまず驚きましたが、それだけではありません。

「何百ものツアーをやっている中で何度も名前が挙がるので、ぜひお会いしたいと思ってやって来ました」とスイスの本社の方たちが、わざわざスイスからドイツまで来てくださったのです。

「どのようにガイドをされているのですか?」と聞かれて、

当時それをどれだけ体系的にお答えできたかはわかりませんが、人が「旅行」というものに求めるものはなんだろう?
と常に意識をしていたということをお伝えしました。

人が本当に求めているものを突き詰める

わたしの体験から言うと、ツアーガイドという仕事は一見簡単に見えて、いくらでも表面的にもできますが、突き詰めるとなかなか難易度の高い仕事です。

なぜなら、人が「旅行」というものに求める「目に見えない価値」を理解し、その場の1人ひとりが求めるものを細かく察し、それに対して「話すこと」でそれに応える、という仕事だからです。

例えば、目に見えない価値とは、「素敵な街並みのカフェに行きたい」とか、「優雅な気分を味わう」「非日常を感じる」などです。

なので、数字やデータ、事実だけでは、東欧のヨーロッパ旅行のガイドとしてはちょっと無機質です。

ガイドという仕事は、エピソードやたとえ話しを加えたり、「話すこと」でそれに応えるのです。

それには、面白い話しを探したり、相手の興味を惹きつけることも含まれます。

しかし、そもそも相手が何を求めているのか、がわからなければそれに応えられません。

同時に、仮に完璧に練り上げれた内容をアナウンサーのようにペラペラと話せたとしても、お客さんが求める欲求には応えられるとも限りません。

ですから、聞き手をよく知ること、そのためには聞き手をよく観察することが重要になるのです。

伝える側やプレゼン・発表する側は、伝える内容に意識をおきがちです。（とくに伝えたいことがいっぱいある時ほど）

または営業をする側は商品の性能やスペックに注目しがちです。

でも、いちばん大事なのは、**伝える内容を考えるくらいに「相手は何を求めているか」について一歩深いレベルでの理解をすることなのです。**

ガイドの時も国連の時も今のコーチングでも大切なことは同じだということです。

相手の方のお話しや相談内容を聞きながら、わたしの方がご本人よりも先に、そして一歩深いレベルで相手が求めていることは何か突き詰めて意識して聞いています。

つまり、先に言う事が決まっているわけではなく、相手はどんな人か？

聞く人・読む人はどんな人か？

ということがわかってはじめて、何をどう伝えるかを効果的に考えることができます。

そして、相手にわかりやすいエピソードやたとえ話、切り口を選ぶことができます。

相手の立場を想像する

コミュニケーションは、発しただけで終わりではなく、相手にどのように受け取られたかという視点を持ってはじめて成立します。

そうでないと自分本位の一方通行なものになってしまいますね。

これはプレゼンのスキルとして語っていますが、営業やすべてのコミュニケーション、書くといった表現活動にも当てはまります。
主役は「受け手」です。

何かを伝えるとき、物語の主人公は自分ではなく「相手」の人なのです。

相手はどんな人か？
相手は何を求めているのか？
どんな言い方をしたらより伝わるのか？

これはどんな仕事にも当てはまる共通の大切な仕事のスキル、人間関係のスキルです。
この視点を持っているかどうかで結果は大きく変わってくるでしょう。

第2章

ブレない自信をつかみとる

完璧主義を
やめてみる

ニューヨークの国連本部で働いていたときの私は、能力も努力も常に足りない気がして焦燥感とストレスに悩まされていました。

今思うと当時の私を苦しめていたのは、「国連の本部で働く人はこうあるべき」という思い込みと「自分をそう見せなければ」と自ら課したプレッシャーでした。

当時の私にとってなにより苦しかったのは、そもそも私はなぜ国連で働きたいと思ったのだろう？　という自分のモチベーションが失われていくように感じていたことでした。

国連で働きたいという願いが叶い、そして世界中に事務所を持つ国連という組織のニューヨーク本部の中でも花形部署で働く機会さえも得ながら、内心苦しんでいたのもこの時でした。

完璧主義＝守りの姿勢

今となっては、この「完璧主義」というものの正体をもう少し余裕を持って見ることができます。

完璧主義とは向上心ではなく守りの姿勢なのです。

完璧であれば、失敗や批判を避けることができて、傷つく可能性も避けることができると思っていたのです。

鎧やら盾やらで、自分の姿を見られないように防いでいるような感じです。

完璧主義にはまっている時は、「人からどう思われるか」に目が向いています。

その根底には「自分の価値は、どれだけ達成したかで決まる」という思い込みがあります。

失敗したらどうしよう…

間違えたらどうしよう…

人の期待に応えらえなかったらどうしよう…

そんな不安ばかりだと誰だって足がすくんでしまいます。

ちょっとした失敗をしても、「ああ、自分に足りないところがあるからだ。」と、すでに出来ていることや、上手くいっていることよりも、出来ていないところに目を向けてしまう悪循環を繰り返してしまうのです。

これは本当に苦しいですよね。

そもそも完璧というものはありえないし、絶対に手の届かない目標です。

まず完璧主義から解放されるには、「人からどう見られるか」から「私はこういう人」と考えましょう。成果ではなく、自分の今の価値にフォーカスできるようになることです。

本当の価値とは、何をしているかではなく、どういう者であるかです。それは自分で決めることができます。

例えば、聖書には「私たちは『神の最高傑作』としてつくられた」という箇所があります。

完璧どころか、人間には数え切れない弱さも失敗もあるのに、それでも、私たちは「最高傑作」と言われているのです。

自分に鞭を打って、「完璧」になろうとするのではなく、

・自分の強みも弱みも含め自分という存在をただ受け入れること。
・出来なかったことではなく、出来たことに目をむけること。
・「ない」ものではなく「ある」ものに目をむけること。

「ありのままでいる」ことはそんなところから始まるように思います。

「自分の価値観」に忠実になる

ところで、私は国連のニューヨークでの勤務を数年間経たのち、現場との接点を取り戻すことを考え始めました。

行き先は自分の中では決まっていました。

当時世界で一番争いが深いと言われ、40年以上続いた紛争が終わり、和平合意が結ばれたばかりの南スーダンです。

国連は基本的には自動昇進も自動更新もない志願制の組織です。

ニューヨークの本部にいることもできたのに、南スーダンを志望したのは、紛争が終わって新しい国を創る（新しい国家として独立する）という過程は紛争の根本的な解決になるんだろうか？　という東ティモールでもらった「宿題」に取り組みたいというような思いからでした。

ニューヨークでは、五番街からも歩ける距離になるマンハッタンのど真ん中に暮らしていて、南スーダンに赴任することが決まった時には、友人たちから「本当に行くの？」と聞かれ珍しいものを見るような目で見られました。

ニューヨークでは貴重な体験もさせてもらい、東ティモールやカザフスタンでの勤務を経て、大都市ライフを満喫しました。久しぶりの現場に不安もあるけれども、私の心はもう決まっていたのです。

不安やニューヨークの友人たちと離れる寂しさもありながら、同時に心の奥では新しいチャレンジに向き合うことに対して晴れ晴れとした気持ちを感じていました。

周りの人たちから「どう見られているか」にとらわれず「自分の価値観」に向き合えていたから、このような挑戦が可能だったのです。

「わかりません」と言える勇気

例えば、この言葉が使われているかどうかで個人や組織の寛容さやクリエイティビティーに対する度合いがわかると言われているものがあります。

それがこちらです。

・教えていただけませんか?
・それについて話してくれませんか?
・もう一度お願いします。
・わかりません。

・知りません。
・フィードバックをいただけませんか?
・助けてもらえませんか。
・とても助かります。
・ありがとう。
以上の9つです。

企業、学校、家庭、どんな組織でも当てはまります。
個人的には「わかりません」がもっと早く言えていたなら、もっと楽だっただろうなあと思います。

米軍のコンサルタントとしてアジアや中東の軍人の講師を務めることになった時は、講師たるもの、人前に立つ以上はなんでも知っていなければいけない、という考えを持っていました。

ですので、初めての仕事の時には、２週間の研修の準備のために、それこそ国際人道法から、最近のアフリカ情勢から、国連憲章までいろんなことを詰めこみました。

すべては「わからない」と言うのが怖いがために…。

ただ、実際にやってみて、人が講師に求めているのは知識だけではなく、その人自身の体験や考えの方が大きい、と気づきました。それからはもしわからないことがあったら「その件はわからないので調べてお答えします」と言ってもいいんだと思えるようになり、とても楽になりました。

そして、日本の社会というのは完璧主義の傾向が世界的にも強く、失敗をなんとしても避ける傾向があります。

完璧主義が守りの姿勢だとしたら、これらの「わかりません」「教えてもらえませんか？」というスタンスは、むしろ自分は完璧ではないからこそ、人から力を受けることのできる姿勢です。

自分1人で全てを知っている必要はなく、むしろ、自分の限界を認める時に学びが起こり易いという捉え方もあります。

完璧主義にはまっている時には、何でも知らないといけないという思い込みがあるので、想像上の「完璧」に対して「足りない」自分に自信をなくしますが、「教えてもらえませんか？」という姿勢では、その出発点から知識も経験も積み上がっていきます。

こうした態度は、失敗に寛容で、恥ではなく学びを促し、かつクリエイティブな場をつくります。

ある時、仕事でミスをした私に一緒に働いていたカナダ人の女性が優しくこう言ってくれたことがありました。

「自分のミスを認めることが難しいときはあると思う。でも、日本の社会では失敗=恥という概念が強いように感じるの。人間誰でも間違えるのだから、別にそれを恥ずかしいことを思う必要はないんじゃないかしら。」

その時、「ハッと」気づいたのです。

一番大切なのはその状況でできる最善の方法を考えること、そして、修復できることは修復し、改善できることは改善することだ、と。

この体験を通して、すでに起こった「事実」と、それに対して後悔したり恥ずかしいと感じたり、自分を責めたりすることは、まったく別のものだとわかりました。その二つは区別できる。そして、その「事実」に対して、より楽に対処することができると教えてもらったのでした。

自分の強みに目を向ける

「強みを伸ばす」か「弱みを克服する」か。
どちらが才能を伸ばすのに役立つでしょうか？

日本の子どもたちに、または親ごさんに、勉強は得意ですか？　という質問をしたとすると、実際よりも「いいえ」と答えるケースが多いのではないかと想像します。

なぜなら、日本は教育システムをはじめ、強みを伸ばすよりも弱みを克服しようとする傾向が強いからです。

私自身、数学と古典がどうしても苦手で、好きな科目と嫌いな科目の差が大きいことにコンプレックスを持っていました。日本の大学卒業後にオックスフォード大学大学院から授業料と生活費、渡航費を含む全額奨学金をもらい修士課程を終えましたが、自分は勉強が得意だとも思っていませんでした。

その理由の1つとして、特に日本の教育システムや文化が、強みよりも弱みを克服しようとする傾向を持っていることがあるでしょう。

英国ギャラップ社の調査で、

強みを知ることと弱みを知ることのどちらがあなたを成功させると思いますか？　という質問に対して、

アメリカ、イギリス、フランス、カナダ、中国、日本の中で、アメリカでは41

%が「強み」と答えているのに対し、強みに対する注目度が最も低かったのは日本と中国でわずか24%でした。

ただ、55歳以上になると、世界共通で強みを伸ばす方がいいとの回答が高くなるそうで、もうその頃になると自分の弱みをなんとかするよりも受け入れる方がいいと悟るからではないかと指摘されています。

似たような例で、うつ病に関する研究は何万件以上あるけれども、幸せや達成感に関する研究はわずかだという数字もあります。

上手くいってないことにはすぐに目がいくけれども、上手くいっているところは「当たり前」だと思っていてなかなか気づかない。

弱みを補う努力も必要だけれども、自分の強みや秀でているところ、身の周りのことや日常生活で上手くいっている部分に対してもっと目を向けて欲しいと思います。

強みとネガティブは「同じコインの表と裏」

人の強みや才能に関しては、たくさんの誤解があるようです。

中でも大きな誤解の1つは、「いい面」だけを才能だと思うことです。

ただ、どんな資質にも両面があって、同じ資質の「いい面」もあれば「ネガティブな面」もあります。いわば、「同じコインの表と裏」のような関係です。

自分の持つ資質が幼少期から強みとしてわかりやすく開花しているのは稀で、最初は同じ資質のネガティブの面の方を体験することの方が多いのです。

どういう意味なのか説明していきます。

例えば、「知能が高い」、「活発である」、「意思や信念が強い」、という資質があるとします。

ポジティブな側面とネガティブな側面に関してはそれぞれ次のようなものがあります。

「知能が高い」に対するポジティブな側面

・新しい考え方や概念を素早くつかむことができる。
・同じ年齢の子どもたちよりも深く理解する。
・複雑な現象の下にあるパターンを見つけることができる。
・新しい考え方や概念を発見するのが好き。
・壮大な考えや計画に惹かれる。

「知能が高い」に対するネガティブな側面

・全容がわからないと納得できない。
・他の人たちが「遅い」ことに忍耐強くない。
・他人の意見に対して批判的であったり、寛容的でなかったりする。
・手が頭についていけないので、手元の作業が雑になる。
・細かい数字を確認する作業は得意ではない。

「活発である」に対するポジティブな側面

・新しい体験をすることに意欲的。
・一度にいろんなことができる。

「活発である」に対するネガティブな側面

・常に刺激を必要とする。
・動き回る（多動である）。

・頭も体も常に忙しい。
・簡単にフラストレーションを感じ、それを撒き散らしがちである。

「意思や信念が強い」に対するポジティブな側面

・自分でゴールを設定し、それを達成するための努力を厭わない。
・課題に対する答えを見つけようとしたり、自分の興味をさらに追求したりする。
・粘り強い。

「意思や信念が強い」に対するネガティブな側面

・頑固になる。
・視野が狭くなる。
・自分の興味のないことを忘れたり集中するのは得意ではなかったりする。

つまり、ここでお伝えしたいのは、どんな資質にもポジティブとネガティブの両面がある、ということです。

そして、あなたの強みが眠っている分野こそ、最初はネガティブの側面を体験することが多いということです。

私の例で言うと、私の大きな強みの1つは、自分の視点と考えから一旦距離をおいて、相手はなぜあのようなことを言うのか、と相手の視点で物事を見ることができることです。

相手の視点と立場に立ち、相手の思考のフレームワーク、価値観や感情を理解することは「パースペクティブ・テイキング（perspective taking）」と呼ばれます。共感力の大きな要素の1つです。

相手と意見が違ったとしても、同意するかは別として、相手の立場から状況を見ることができること、そこから互いの共通点を探っていけることは、南スーダン軍との交渉、信頼構築などで大きな力となってくれました。

世界で活躍したいと願う人にとっては、とくに大切な資質の1つと言えます。

またこの共感能力は、アジア中東の軍隊に国連ＰＫＯに関してトレーニングをする教官・講師を務めていた時も、こちらが伝えることに対して相手が何を感じているのかをその場で察しながら、同じ講義の内容であっても相手に合わせてエピソードやたとえ話を変えていく対応力になってくれました。

コーチングをする時には、相手の方が自分の状況や課題を上手く言い表すことができない場合でも、その方の本当の想いに一緒に想いを寄せることで、目の前の状況を整理して、新しい解決策や眠っていた力を引き出すサポートをしてきました。これも共感力の資質です。

同時に、ここでお伝えしたいのは、こうした資質が最初から強みとして発揮されるとは限らず、最初は同じ資質のネガティブな面をより強く体験することが多い、ということです。

私の場合には、「体験を個人的にとらえる傾向がある」「ある状況に対して事前にマイナスイメージを感じたり察してしまい自分には対応できないのではないかと心配になる」「不安、悲しい、落ち込むといった感情を抱きがち」といったネガティブな側面をすべて体験しましたし、今でも体験することはあります。

前はネガティブな面しかわからずに、なんで私はこんなに繊細なんだろう？と悩んだこともありましたが、今ではコインの両面を理解しているので、ポジティブな面を尊重しつつ、ネガティブな側面とも上手く付き合えるようになり、大きな影響を受けなくなりました。

自分の資質をネガティブではなくポジティブに活かすには、自分の普段の行動を観察して、自らの資質をよく知ることです。

ネガティブな面ばかり体験するなと思ったら、そのネガティブと同じ分だけポジティブな資質があると考えましょう。

それがネガティブでしかないと思っているとしたら、その思い込みからまず自由になって、ポジティブの脳配線を強化することです。

そして、その資質が自分にとってどう役に立つのか、ポジティブな資源として活かす方法を考えましょう。

危機の時にこそ強みが現れる

新型コロナウイルスの件を見ていると、南スーダンで働いていた時に、外に出られないというストレスのかかる環境におかれながら、どうやってストレスを乗り越えていったのか、ということを思い出しました。(外に出られても、40年間続いた内戦が終わったばかりで、実質的に外に居場所がない状態)

そして、そのような危機の中でこそ、その人の本質・強みが現れるのではないか？　ということを感じています。

当事南スーダンで働いていた時には、どのような状況であったかと言うと、差し迫った紛争の再発や物理的な危機はないものの、夕方7時には無線での点呼、夜間は11時までの帰宅が求められました。停戦直後はお店というものがほとんどなく、必需品は国連の構内の売店で購入して、自炊をするという生活でした。
その間でも、国境沿い等で武力衝突が起き、物流が寸断され、売店から突然水がなくなるというようなことが度々起こっていました。

また、ある時には、紛争当事者間の溝が不信感と共にエスカレートして、双方共に和平合意から撤退し全面衝突に入る、という姿勢を互いに譲らないほどにまで緊張が高まりました。その結果、夜の外出禁止が8時に早められ、パスポートの常時携帯といざという時にバッグ1つで出国できるように避難用バックを用意しておくようにという、指示が出された時もありました。

ある程度は承知の上でした。
それでも、そのようなことが一日二日ならまだしも、外に息抜きできる環境がないので、自分の住居（といっても4畳半くらいの空間）にいるしかない、というのはやはり大きなストレスでした。

私にとっては、自分のお気に入りの音楽を聴きながらひたすらウォーキングと軽いジョギングをすることが一番のストレス解消法でした。

他には、ひたすら筋トレに励む人がいたり、そんな環境だからこそ誰でも参加できるエクササイズ教室を始めて、みんなから感謝されたりしている人もいました。

また、ポルトガルの人たちはギター1つで次から次へと歌を披露して、どんな環境でも楽しんでしまうラテンの精神はすごいなと思ったものでした。

今回の新型コロナウイルスの際にも、似たようなことが起きていると思います。

・外出禁止だから運動不足になってはいけないとラジオ体操の動画を送ってくれる人
・笑える動画を送ってくれる人
・統計資料をつくり自ら今の状況を客観的に示してくれる人
・ニューヨークなど先に感染が広がっている都市の例から、これから東京では何を準備しないといけないかを発信している人
・お菓子の写真を送ってくれる人、免疫力を高めるための食材や食事を紹介してくれる人
・家にいる時間が長いから食事に工夫を凝らす人
・経済という分野で周りに知恵を貸す人
・医療従事者の資材が足りないと聞いて、目からの感染を防ぐためのシールドというものを3Dプリンターでつくった12歳の男の子
・マスクが足りないということに対して手作りマスクを作って寄付したという女の子

Facebook や YouTube からニュース配信の中にも、そのような想いに溢れた発信がありました。

きっと、もっともっとあると思います。

ありとあらゆる情報が溢れる中で、情報を吟味しないといけない必要性はありますが、この一件では、個人による情報が、公式発表を待つマスメディアよりもかなり先行する形で発信され、後手に回る政府発表を補う形で作用している点が、かなり際立っているように思います。

「平時」の時には、何もしなくて済んでいても、こういう危機の時にこそ、その人の強みや本質、その人が本当に表現したいことが現れるのではないか、と。

いわば、危機の時にこそ発揮される力とでも言えるでしょうか。
強みや才能というとすごく立派なものだと思う人がいるかもしれません。

でも、その人にしか気づけない点というのがあるのだと思います。
こんなのは仕事につながらないか、これは「趣味」だから、などと勝手に自分で決めつけたりしないでください。

一見小さいことに見えるかもしれないけれども、こんな時にはその小さいことがとても役立つということ、その一見小さいことに励まされる人がたくさんいるということを忘れないでください。

1つひとつの表現を大切にしていきましょう。

「意思表示」をし続ける

キャリアや転職・就職の相談を受ける中で、自分のキャリアを改めて振り返ってみると、「あーよくがんばったなあ」と自分を承認したいのは、国連に入ったことでも、南スーダンで働いたことでも、多国籍チームのリーダーを務めたことでもありません。

それは、「自分の中の『感覚』を信じ続けられたこと」です。

国連というのは、一部の人を除くと基本的に有限契約の自己志願制の組織です。

どういうことかと言うと、1つの仕事（契約）が終わったら、次の仕事を自分で探さないといけないということです。

毎回応募書類を揃えて、志望理由を送って、面接を受けなければいけないということです。

この制度の良い面は、本人の意思に反して行きたくない国に派遣されることはないことなのですが、自分がアクションしないと、昇進も昇給もないし、自動更新もない究極の「自己責任制」ということでもあります。

次の契約が決まらないと「不安」でしょ、とよく聞かれたし、1つの仕事がもうすぐ終わりだなあという時に、次が決まっていないと確かに「落ち着かない」気持ちにはなります。

でも、私の心の奥深い部分には、不思議と「なんとかなるさ」みたいな感覚があって、私の場合は、現場の仕事の方が好きだし、ＰＫＯの現場は常に人材を探しているから大丈夫だろうと思っていました。

もちろん、人間なので、親に心配されたり、誰かに何かを言われたりすると、「どうしよう？　本当に大丈夫かな？」「ニューヨークにいたのに、南スーダンを志望するなんて私っておかしいのかな？」と、その感覚が「ぐらつく」ことはありました。

一瞬「あっち」とか「そっち」に行ってみようかな、と思ってみたり、少し覗いてみたりもするのだけれども、それも違和感があって、結局はやっぱり国連に戻っていったのでした。

というか、そういうカッコイイ感じでもなく、自分が望まないことに対しては身体は動かなくなるし、良くも悪くも私は自分にうそがつけない体質だったのです。

数年に1回行われる国連に入る正式な筆記試験（と面接）というのもあって、こちらの倍率は5千倍～1万倍だと言われていました。

私はこの試験を20代半ば～30代前半にかけて、計3回、バンコク、ニューヨーク、アディスアベバで受験しました（当時の勤務先から一番近いところで受験。渡航費、宿泊費は本人負担）

それらの試験は合格しなかったものの、私の国連でのキャリアはつながっていったのでした。（国連で働く大多数の人たちは試験経由ではなく、直接ポストに応募して働いています）

人から見たら、とても順調にキャリアを積んできた人のように見えるのかもしれないけれど、本人の感覚から言えば、「点」と「点」がつながって、今見たら一本の線のようになったというのが正直な感想です。

「他人の価値観」で生きるか「自分の価値観」で生きるか

今私が一番伝えたいのは、自分が自分を信じることを「つらぬく」ことがもたらしてくれる、より大きな力です。

この場合の信じる力というのは、単なる精神論ではありません。

自分の中には自分の方向を教えてくれる感覚があるのです。そして、その道においては競争する必要がないのです。

がんばってものすごい努力をして、倍率5千倍～1万倍の競争を勝ち取る道もあるのだろうけれども、「自分を信じる力」によって拓ける道があるのです。

今思えば、私にとっての本当の「試験」は、
「社会や他人が言うこと（価値観）を信じますか？」、それとも
「自分を信じますか？」という問いかけでした。

実際、それがなんらかの形で試されるような出来事はありました。

でも、その時々に問われていたことはとてもシンプルだったと思います。

「自分がやりたい道、理由はわからないけど惹かれること」か
「安定、地位、名声」か

大きなキャリアの選択から日々の生活の中にまでそんな場面はたくさんあります。

答えは自分が決めることですが、自分の「意思表示」を続けると、「より大きな力」があなたの味方になってくれるはずです。

「自己主張を強くする」の誤解

自分の「意思表示」を続けることが大切だと言いました。そして、自分を信じて、その道を淡々と進んでいたら、道が拓けていくともお伝えしました。

自分の意思表示をすると言っても、いつも自己主張しなければいけない、目立ちなさい、いつも目に見えるような成果がないといけない、という訳ではありません。

とくに、海外で働く時や、多国籍な環境においては、強く自己主張をして目立つように話さないと評価されないという誤解があるように思います。

自分の考えを論理的に伝えるスキルや自己主張をするべき時を知ること、必要とあらば自分の意見をはっきりと明確に伝えることは必要だと思います。ですが、必ずしも話す量が多ければいいという訳でも目立てばいいという訳でもないのです。

これは私の体験ですが、2週間でたった5分ほどしか話さなかったのに国連特使にスカウトされた時のことを少しお話しさせてください。

さて、それは国連の代表として紛争地の最前線で国連のPKO活動を指揮する国連のトップ（国連事務総長特別代表と呼ばれる）を養成する研修での出来事でした。

国連のPKOを指揮する国連事務総長特別代表は、国連軍も含め1万人以上の要員を束ねる人です。

閣僚経験者が任命されることも多く、この研修に参加できる人は各国から推薦された警察や軍隊のトップ、国連で働く人の中でも参加できるのはほんのわずかです。

そんな研修に私が30代半ばにして参加できたのは、南スーダンなどでの経験や経歴が評価され、選考される権利と公式に発言権のないオブザーバーという立場として参加してもいいという許可をいただいたからでした。

さて、そんな研修ですから講師陣には経験豊富な方々が並んでいました。

女性で世界で初めての防衛大臣になったフィンランドの元大臣、内戦中の軍隊との交渉を担ってきたある国連特使、元国連事務総長特別代表、そして、紛争地で1万人以上の国連軍を指揮してきた元司令官などです。

参加者の多くは、国を代表している立場で、「国連事務総長特別代表」として任命され、国連外交で自国のプレゼンスを上げることが目的であって、すべての講義や課題が評価の対象となるのでかなり真剣でした。

研修の前には、厚さ10センチ近い資料も渡されました。

私はと言えば、紛争地の最前線で指揮をとってきた方々から直接体験談を聞ける機会がありながら、課題をこなしたり発言をしたりするプレッシャーから解放されていたので、ある意味とても理想的なシチュエーションだったかもしれません。

米軍が作っただけあって課題はけっこう本格的で、内容が面白かったので、正式には何の評価にもならなかったけれども、資料も読んで、私だったら答えはこうかなあと課題にも取り組んでいました。

その様子があまりに熱心に映ったのか、初めの1週間が過ぎてから、ある国連特使の方からパネルのメンバーとして参加して欲しいと言われました。

「えっ？　でも私『オブザーバー』だし、みなさん私より二回りも年上の、国のトップの方々ですけど…」一旦、そうは言ったものの、南スーダンで武装解除や元兵士の社会統合支援の分野（ＤＤＲ）に関わってきた経験があるのはその場で私だけだったので、引き受けることになりました。

さて、私にふられた質問は１つ。話した時間は５分もなかったと思います。

パネルが終わった10分後、私は国連特使から各国の軍隊に国連の平和維持活動についてトレーニングするプログラムの講師にスカウトされていました。

私にとっては予想外の展開でした。

そして、その研修の数ヶ月後、今度は同僚として再会したある講師の方との会話の中でこんなことを聞きました。

「あれはとてもいい研修だった。ビッグマウスなだけで、中身が空っぽな参加者もいたけど、あの彼女はしっかり考えてたよね」

紛争の前線に派遣される指揮官・リーダー研修で、しかも、元軍人といったバックグラウンドの人たちでも、結果だけでなく、課題に取り組む姿勢を丁寧に評価をするんだ、とけっこう「新鮮」に感じたのを覚えています。

スピーチ以前の大事な心得

さて、正式には5分ほどしか話しませんでしたが、今考えてみれば、ある小さな行動が、自分にとってプラスに働いたと考えています。

・ランチの時間にはフィンランドの元大臣の隣に座って彼女の体験を聞いた（私

が聞きたかったから）

・毎朝、笑顔で目を合わせて参加者や講師の人たちに挨拶をした（素晴らしい講義が続いたのもあって自然にそうしようと思えたから）

・コーヒーブレークの時にチョコレートを持参して配った（朝から夕方まで中身の濃い講義が続いていて甘い物が食べたくなったのに何もなかったから）

・コーヒーブレークを含めるとすべての国の参加者全員に話しかけた（各国の代表だったのでどんな人たちが参加しているのか興味があったから）

多国籍な環境だからこそ、たった一言でもいいので直接言葉をかわすことは効果的でした。

「私はあなたの敵ではありません」

「私はあなたを尊重しています」

「私はあなたに関心があります」

というメッセージを送る意味でも非常に大切だと思います。

そして私は、この研修自体が講師と主催者、参加者全員にとって成功することを祈っていました。

世の中には競争や選考というものが存在します。

適材を見極めるための方法や選ぶ過程自体がまったく完璧ではない場合もあるでしょうし、時には自分が選ばれる場合もあれば、選ばれない場合もあります。

私は国を代表している訳でもなかったので、そもそも気楽な立場でいられたのですが、自分のメンタルやパフォーマンスのためにも全体の勝利や全体を思いやった行動が自分のためになることがあります。

ゴルフチャンピオンでメジャー優勝15回の記録を持つタイガーウッズ選手は、少しの気の緩みもゆるされない接戦の最中でさえ、対戦相手がパットを打つ時には、「このボールが入りますように」と心の中で祈っている、と言われています。

彼は、おそらく自分のために、そういう考え方の方が効果的だということを体験的に知っているのでしょう。

一流の自信を得るための近道「同期現象」

メキシコシティーオリンピック（1968年）の100m走で米国のジム・ハインズが9秒95の記録を出して以来、長らく「10秒の壁」が破られることはありませんでした。

ところが、1983年にカルビン・スミスが9秒台を出すと、それに追随する選手が次々と現れました。

スポーツ競技では、このようなことがときおり起こります。

これは次のような現象と原理を同じくしています。

・心臓をつくっている筋肉（心筋細胞）がリズムをそろえて、心拍数を一定に保つ。
・臓器が互いに影響しあって、起床や就寝時間などの体内リズムを作る。
・何万匹もの蛍がいっせいに発光を始める。
・フラストレーションや不安を感じている人が、感謝や慈愛を感じている人のそばにいるだけで、落ち着く。
・一緒にいる女性の生理周期が同じになる。

また、スキップができない人ができる人に挟まれて練習を始めると、スキップができるようになるという実験結果もあるそうです。

このように個々はバラバラに動いているのに、全体がなぜかそろってしまうことを「同期現象（synchronization）」と呼びます。

同期現象のメカニズムは、生物学、物理学、数学の研究対象として、さまざまな分野で研究・応用されているそうです。

これと同じ原理で、私たちは一流の人たちに触れることによって、自分のなかに眠っている才能を目覚めさせることができます。

最近、世界的指揮者のズービン・メータ（84歳）の指揮に触れたとき、私は身体全体が震えるような衝撃を体験しました。

メータは、世界最高峰のオーケストラ「ウィーン・フィルハーモニー管弦楽団」のニューイヤーコンサートで、最も多く指揮棒を振ったことで知られています。

また、２０１６年のウィーン・フィルの日本公演では、小澤征爾氏と共に指揮をつとめました。彼の指揮する演奏を聴いた後、「『巨匠』ってこういう人のことを言うんだ」と感動し、しばらく恍惚状態に陥ったことを覚えています。

メータはどうやって、あの域に達することができたのか？——どうしてもそれを知りたくなり、私はメータが登場するインタビューの動画を片っ端から視聴しました。

彼の指揮に触れた1週間後、今度はある英国人指揮者による演奏を聴く機会がありましたが、私の心にはまったく響かず、かえって巨匠メータの指揮がいかに「別格」だったかを再認識することになりました。

一流を通じてより高い世界を見ることができる

フランス人の指揮者シャルル・ミュンシュが書いた『指揮者という仕事』（春秋社）という本があります。彼は小澤征爾が影響を受けたことでも有名で、同書はリーダーシップ論の名著でもあります。

ミュンシュは、指揮者という仕事の本質についてこう語っています。

「壇上に立ち、第一拍を振り始める瞬間、あなたには無数のまなざしが向けられ、観客はそれぞれが自分の光と熱をそこから汲み取ろうとする。

（中略）

指揮者（conductor）という言葉自体には統率するという意味も含まれていますが、大事なのは、命令を与えるというよりも、自分自身がそれを身振り、態度、そして抗じ難い放射によって、表すことです。」

つまり、人は、指揮者のように自分の前に立つ人を「鏡」と捉え、その人物のなかに自らの顕在化していない才能や可能性を見ることができるのです。

ミュンシュはこうも言っています。

「指揮者が楽曲を忠実に再現することによって、聴いている人の思考や感情が指揮者の思考や感情と同時に再創造される」

確かに、ときに演奏会で演奏者と会場があたかも一体になることがあります。ジャズピアニストのキース・ジャレットや盲目のピアニスト辻井伸行さんの演奏会などがそうでした。

そんな演奏に触れると、何かが腑に落ちたり、それまでわからなかったことが突然わかったり、悩んでいたことが些末に感じたり、視点が高くなってまったく違う世界が見えたりといった、洞察やインスピレーションを受けることがあります。

音楽や数式は、言語よりもより抽象度の高い情報形態です。別の言い方をすると、音楽は、言語や思考に伴う偏見や日常的な制限を超えさせてくれます。

そもそも私がクラシック音楽に魅了されるようになったのは、南スーダンなどの紛争国で働いた後、一瞬にして言語や理屈を超えて人と人をつなげてくれる音楽の力を実感したからでした。

まったく個人的な感覚ですが、メータから醸し出される音色には「人類への祝福」すら感じました。

こうした超一流の音楽家、作家、表現者などが創り出す世界を通じて、私たちは、より高い世界や景色を垣間見ることができるのです。

また、クラシック音楽には瞑想と同じような効果があり、脳の前頭前野が刺激されることがわかっています。クラシック音楽を通じて創り出されるハーモニーや調和の状態が、誰のなかにもある直感や内なる声とつながりやすくしてくれるのでしょう。

一流に触れよう

私は5人のノーベル賞受賞者の方と会議などで同席して、直接質問をする機会をいただいたことがあります。

そこで改めて確信したのは、それがどんな分野であろうが一流の方々は「一流の周波数」を持っているということでした。音楽家でも料理人でもアスリートでも、私たちが彼らから吸収するのは技術でもなければ専門知識でもありません。私たちは彼らの創り出す、「一流の周波数」を感じとっているのです。

「もう限界」だと感じた時点では、人間は潜在能力の2割も使っていないと言われています。

カルビン・スミス選手が100m走で「10秒の壁」を破ったとき、彼は「超人」と呼ばれました。しかし、人間の身体能力はそれほど変わっていないはずなのに、その後9秒台で走る選手が続出。

「できる」ことが当たり前になってくるからです。

私たちは身体全体で、一流の考え方や世界観をどんどん吸収することができます。また、一流のものに触れていると「そうでないもの」に触れたときに「気持ち悪い」と感じるはずです。自分に合うものや必要なものに対する感覚が研ぎ澄まされていくからです。

皆さんもぜひ、たくさんの本や音楽、そして人に触れて、自分の心に響くものを見つけてください。

それが自分のギフトやその表現方法をみつけ、一流になる近道なのです。

第3章

決める力を養う

#「決める」ことの重要性

自分で「決める」という選択が自分の価値観に沿っているときには、いい気分がして、物事も身体も自然に動きます。

自分で決めると納得感がありますし、なにより自分で決めたという体験自体が自信になります。

自分の意思で決めたので多少の困難があっても、ふんばれます。

では自分で決めないとどうなるでしょうか？

「こんなはずじゃなかった」
「そんなこと聞いてなかった」と
誰かのせいにしたくなる気持ちが出てきます。

この数年「アンガーマネジメント」が注目されていますが、内心で怒っている人が増えているのは実は自分で考えて決めていないことに対する不満が無意識にたまっているからじゃないか、と私は思っています。

深層の部分では、自分で決めていない、自分で自分の人生の責任をとっていないことを自分で知っているので、自分が自分に怒っている、という訳です。

「決める」の別の表現として「意思決定」、英語では「decision-making」という言葉があります。

では、decision-making の「反対」は何でしょうか？

日本語よりも英語の方がよりダイレクトな言語なので、「決めないこと」「決めること」のニュアンスが、反対語と類義語を引用することでより伝わると感じて、それぞれ辞書を引いてみました。

decision-making の「反対語」は、

・untrustworthy ＝信頼できない
・immature ＝成熟していない
・immune ＝逃れている
・exempt ＝外れている（免除された）
・excused ＝言い訳的な

です。

こうやっていざ並べてみると、そのニュアンスがよりはっきりすると思います。

とくにダイレクトな意味である「immune＝逃れている」と「exempt＝外れている（免除された）」という英語によって、自分で判断して決めないというのは、「人生から逃れている、自分で自分の人生から外れている」ということと同じだよ、とはっきりと伝えてくれています。

「決める」から人生が動き出す

「決める」ことは「自分の軸」で生きるためのキーポイントです。

私たち日本人には、そもそも無数の選択肢があります。

私が働いていた南スーダンといった国では紛争があったり、職業が限られていたり、いろいろな意味で選択が制限されています。

今一度自分に「人生をどのように歩むか」生き方を問うてみていただきたいのです。

何を決めればいいのか、わからない方はまず次の質問をしてみてください。

「他人の人生を生きるか。自分の人生を生きるか」

心の内では答えは知っているのではないでしょうか。

大丈夫。

勇気をもって進みましょう。

「自分は何を大切にしたいのか？」を決める

時代が急速に変化していて、いままでと同じやり方では上手くいかない気がしている――もしあなたがそう感じているとしたら、それは気のせいではありません。では、そんな時代に革新的なアイディアを生み出し、成功し続けるためにはどうすればいいのでしょうか？

例えば、「プレゼンや面接を成功させる秘訣は、最終的にどういう印象を与えたいのかを先に決めることだ」と言われています。

なぜなら、人間は言葉で伝えられたことは10％も覚えられないけれど、「印象」は覚えていると考えられているからです。

２０２０年の東京オリンピック誘致チームのスピーチコンサルタントを担当し、英キャメロン元首相や露プーチン大統領のスピーチコーチも務めたマーティン・ニューマンは、東京チームのプレゼン成功の鍵は、残したい印象を「Shining（輝いていること）」に事前に決めていたことだった、と言っています。

プレゼンや面接に限らず、創り出したい体験やイメージを先に決め、それを言葉や音楽、ビジュアル、製品、サービスなどで表現して形にしていく、いわば「理想をイメージ」するプロセスは、芸術家や音楽家、ビジネスパーソンたちが共通して重視しているものです。

理想をイメージせよ

私が理想をイメージする力の重要性と効果を実感したのは、米軍のコンサルタントとしてアジア諸国の軍に平和維持活動の指導をしていたときでした。

教える相手は、凄惨な内戦を経験した軍人。私の言いたいことが果たして伝わるのだろうかという不安から、いくら準備をしても気持ちが落ち着かず、私は疲労困憊の状態に陥っていました。

肉体的にも精神的にも追い詰められるなか、さすがにこれではまずいと察し、自分が望む状態や結果を先に決め、瞑想しながらそこに自分の意識をフォーカスすることを実践しはじめました。

すると、徐々に不安がやわらぐようになりました。慣れてくると始まる前からその「結果」が感じられることさえあり、当日は安心して指導に臨めるようになったのです。

ウィーン・フィル奏者も実践

２０１６年、来日したウィーン・フィルハーモニー管弦楽団のフルート奏者デイータ・フルーリー氏に取材をした際、彼も創り出したい体験やイメージを先に決めていると語っていたのが、印象に残っています。

私が、「どうしたらあんなに透き通った音を出せるのですか？」と質問すると、彼はこう答えてくれました。

「まずは自分の出したい音を想像するんです。それを技術、呼吸など自分の持つすべての能力を使って表現します。その音に少しでも近づくため、練習し続けるんです」

私はそれを聞いたときに深く納得し、また、自分の執筆プロセスもこれと同じだと気づきました。

私の表現方法の1つは「書くこと」ですが、私にとってそれは、頭のなかにぱっと浮かんだ全体像を何とか言語化していくプロセスです。

全体像が浮かんでいるのに構成がまとまらないときや、言葉が追いつかないときは気持ち悪い感じがして、文字になるとようやくスッキリします。

フルーリー氏にそのことを話すと、私のようにまったく違う分野の人間も似たような体験をしていることを、彼もまた新鮮に感じたようでした。

変化がほしければ、「変える」より「創る」

望む体験や状態を先に決める「理想をイメージする力」は、人生の他の面でも活用できます。私たちは日々、自分の人生を創造しているからです。

変化を生み出したいときには、変えようとするより「創ろう」と考える方が上手くいくことがあります。変化はときにその対象を否定するニュアンスを伴います。

人を変えようとすると相手が反発するのと同じで、何かを変えようとすればするほど「反対勢力」が生まれてしまうのです。

例えば「働き方改革」1つをとっても、組織で規則化されたものや大規模なもののほど、一度できたものを変えるのは難しいと実感されている方も多いのではないでしょうか？

新しい創造物は既存のものの「組み合わせ」

「創る」は「変える」と一見似ているようで、根本的に違います。

「創る」過程で大切なことは、先述のように、「コミュニケーションをとる相手と、最後はお互いに信頼しあう状態でいたい」「このプレゼンでは躍動感を伝えたい」などといった創り出したい印象や状態のイメージを先に持つことです。


そしてそれを、情感、色、音など自分のなかのありとあらゆる五感を駆使して広げ、自分のエネルギーを吹き込んでいくのです。

人にはそれぞれ得意な「感覚」があり、それを表現したり、形にしたりするための独自の組み合わせを生み出すことができます。

何かを創るというと、特別なセンスや才能が必要とか、まったく新しい発想でゼロから考えなければならないと思う人もいるかもしれませんが、それらの多くは実際にはすでに存在するものの「組み合わせ」なのです。

多くのクリエイターやコピーライターが愛読する『アイデアのつくり方』（CCCメディアハウス）の著書ジェームス・W・ヤングは、30年も前から「アイデアとは既存の要素の新しい組み合わせ以外の何ものでもない」と指摘しています。

例えば文章1つをとっても、構成や順番、切り口を少し変えるだけで同じ内容でもまったく違った印象になることがあります。

同じ本を読んでも感想が人それぞれ違うように、独自の視点や悩み、経験があるからこそ見えるもの、生み出されるものがあるのです。

そして、その「組み合わせ」こそがその人しか生み出せない「独自性」となり、さらに個々の表現方法と合わさって「創造性」になります。

「変える」から「創る」へ

今、時代は「変える」ことから「創る」ことを重要視する時代へと移り変わっていると言えます。

こんなときこそ、自分を変えようとして思うようにいかずにがっかりする代わりに、こんなふうに問いかけてみてはいかがでしょうか？

自分はどういうライフスタイルや働き方、そして人生を望んでいるのか？

日本はこれからどんな価値を新たに生み出し、世界に発信していくのか？
そのために、自分は何を大切にしたいのか？

２０１８年1月、阪神・淡路大震災から23年を迎えた神戸の街を歩きながら、私は今こそ、こうした問いが求められていると実感しました。

私は国連職員として、東ティモールと南スーダンの独立に立ち会い、復興支援に関わりましたが、その経験から「復興の目的は、決して元の状態に戻すことではない」と考えるようになりました。

未曾有の紛争や自然災害が起きた後に私たちが求める「復興」は、「再生」であり「創造」なのです。

ハコモノの建設が復興の証とされるこれまでの風潮の延長ではなく、私たちは改めて「創る」ための問いかけをしなければなりません。

第1章では、ある課題に対して、最適な選択肢を導き出すための考えるステップを学びました。課題が具体的な場合は選択肢も答えも比較的簡単にわかりますが、何がよい選択肢なのかは、自分の価値観や優先順位によって導き出される場合の方が多いのです。

考えるステップは、自分が大切にしたいものを明確にすることで、さらに活きていきます。

理想のイメージや自分が大切にしたいものを実現するために、創造の芽に毎日水をあげ、エネルギーを吹き込み、大切に育てていきましょう。

職業に自分を合わせる時代は終わり

私は、国連に勤めている間、いろんな国で子どもたちに「将来何になりたい？」と聞いて気がついたことがあります。

どんな国でも、不思議なくらい答えは同じでした。

「サッカー選手、エンジニア、医者、学校の先生…」

そう。知ってることしか見えない。

私たちは、自分が知ってること、見たことがあること、親が言うことしか知らないのです。

そんな「小さな自分の世界」だけで将来を決めようとしています。

価値観や働き方の多様化がますます進む中で、「職業」に「自分」を合わせる時代は終わりつつあります。

これからは、「職業」が先にあるのではなく、自分が先にあって、自分という存在から表現されるもの、それこそが「存在意義」であり「価値」となっていく時代です。

一人が複数の肩書きを持ったり、既存の肩書きでは自分を表現しきれないと感じて自分で自分を表現する名前をつくっていく人たちはますます増えていくと思います。

自分にとって大切なことは何か？

自分はどんな価値を大切にしたいのか？
自分はどんなライフスタイルを望んでいるのか？
そのためにはどんな働き方があるのか？

できるできないと最初から決めつけるのではなく、自分に自由に発想することをゆるしてあげてください。

人生の目的の見つけ方

今の時代、もっと自分らしく自由に生きたい、才能を活かした仕事をしたいと思う人は多いのですが、何か突出した能力や才能というものが存在して初めて自分らしく生きられるのだ、という誤解があります。

時には自分のタイプを知らずに、世間一般的な成功者に自分を合わせようとしてイライラすることもあります。

自分の中にあるものが見えずにないものばかりに目がいくばかりで、自分には「才能がない」と落胆することもあります。

もちろんある程度の能力やスキルは要るでしょう。

ただ、その人の独自性や人生の方向性、目的というものは、その人の経験や視点、感じ方などすべてを含んだ、より全体的なものです。

人生の方向性や目的を教えてくれるのに「SHAPEの法則」と呼ばれるものがあります。

オバマ前米国大統領の就任式で祈りをになったウォーレン牧師が伝える次の5つの視点に注目するものです。

S（spiritual gift= ギフト）

H（heart= 情熱、感情、興味）

A（abilities= 能力）
P（personality= 個性）
E（experience= 経験）

才能や能力というと、学校教育の影響を受けた私たちの中には大きな誤解があって、学校教育や試験というたった1つの狭い指標で自分の能力を判断しがちです。

このSHAPEの法則が教えてくれているのは、人の方向性や目的はより総合的なものということ。

その中でも資源となるのは「経験」です。

特に、できればあまり人に言いたくないようなマイナスの経験です。

日本には「一陽来復」という言葉があります。

欧米ではこの数年「レジリエンス」という概念が注目されてきました。

これらが示唆しているのは、あなたの能力や才能、ギフト、人生の導きの中には、自分の悩みや痛みの経験の中からこそ発見され、生み出され、開花するものがあるという点です。

Facebookの最高執行責任者のシェリル・サンドバーグさんは、前著『LEAN IN』を書いた後、突然の事故で最愛の夫を失い、いかに逆境に向き合いそれを乗り越えるかという「レジリエンス」について学んだと語っています。

私自身、国連勤務を経て、燃え尽き症候群や二次受傷（ＰＴＳＤ）を体験しました。そこから回復する過程で直観力や洞察力が開花するということを経験しています。

人に伝わることは、理論や知識でもなく、１人の人間として経験し感じたこと、そこから学んだことであるとも実感しています。

いろいろな経験や能力があわさって、その人にしかない強力な「強み」、「独自性・差異性」となります。その人しか持っていない要素の「組み合わせ」によって生みだされる「価値」があり、その経験があるからこそ感じた、人に伝えたいこともあります。

ウォーレン牧師は、「自分では隠して忘れてしまいたいと思っている経験こそが、天が他の人を助けるために用いたいと願っている経験である」と言っています。

失敗を引きずって前向きに動き出すことができない人は、次のような問いを自分自身に投げかけてみてください。

その体験を通じて自分についてどのような発見や学びがありましたか？

その出来事を通じて人生や人間の生き方について、新しく学んだことは何ですか？

その出来事はあなたにとってどんな「意味」がありますか？

新しいことに貪欲になる

新しいことに挑戦するとき、人前で意見を言うとき、自分の文章や作品を発表するとき、好きな相手に思いを伝えるとき——。地球上に住む誰もがこんなときに不安を感じ、傷つくのを恐れます。

「ありふれたことかもしれないけれど、不安を乗り越えて前に進む勇気を持ちたい」というテーマを掲げたＴＥＤトークが、世界中で４７００万回以上（２０２０年４月末時点）も視聴され、ベスト５のランキングに留まり続けています。

ヒューストン大学の教授ブレネー・ブラウンによる「傷つく心の力」です。

このＴＥＤトークが世界中でこれほどまでに支持されているという事実に、人間が抱く不安の感情は普遍的なものだと気づかされます。

先の見通しも立たない社会で、将来の進路に不安を感じる方も多いのではないでしょうか？

国連のニューヨーク本部に勤務し、平和維持活動（ＰＫＯ）にもかかわり、そのキャリアを生かして米軍のコンサルタントも務めた私は、傍から見ると順調にキャリアを築いた人のように見えるかもしれません。

でも実は、大学生のときには就職試験に落ち続け、内定をもらう友人たちの姿を尻目に自分だけが取り残されるような言いようのない焦りを感じていました。

オックスフォードの大学大学院に進学が決まったのも、日本の大学の卒業式の数日前でしたし、卒業後はドイツで働くことになっていましたが、大学の「卒業後の進路」の調査結果では、正式な就職とみなされない「その他」に含まれていました。

誰しも先のことは不安なものです。とくに、人と違った選択をしようとするとき、そしてその先に何の保証があるわけでもないとき、一歩踏み出すのには大きな勇気が必要になります。

自分の選択が正しかったかどうかわかるのは自分だけ

私が人生で最初に大きな賭けに出たのは、国内の大学進学のときでした。帰国子女でもない私は、当時、日本で唯一、すべての授業を英語でおこなっていた大学のプログラムに参加したいと思っていました。

その大学に入るためには、ＳＡＴ（米国大学進学適性試験）に合格する必要があり、そのため日本の受験勉強をいっさいやめる決断をしました。

そのときはまだ、インターネットでの情報も限られていましたし、周囲に前例があったわけでもなく、親からも「本当に大丈夫なの？」と何度も聞かれました。結果的に合格したからよかったものの、試験勉強をしていた1年間よくその選択を信じ続けられたなと自分でも改めて思います。

国連PKOで南スーダンに赴任するときよりも、勇気がいる決断でした。

でも、今振り返ってみると、この大学進学こそが私が自分軸で生きるための選択するうえでの原体験になっているのだと思います。

自分が正しいとかやりたいと思っていることを追求し、その可能性を信じることの大切さを、身をもって実感することができたからです。

大学生活ではさらにその原体験が、確信に変わっていきました。

私が入学した学部は、もともと日本在住の外国人を対象に開設されたものだったので、入学の手順も授業内容も米国の大学をモデルにしていました。

日本の大学だというのに、授業も教科書も校内の案内もすべて英語で、教授はほぼ全員外国人。それゆえ、日本の大学を評価するにあたり重要視される「偏差値」という概念がまったく登場しません。

周囲の人は、社会の評価軸で判断できないこの学部をどう取り扱ったらいいかわからず、戸惑っているようでした。実際、人によってその学部の印象も評価もバラバラでした。

それをネガティブに捉える人もいましたが、私はとても「自由」だと感じていました。

そして同時にこうも思ったのです。

「指標がないと、人の評価は根拠もなくてあてにならない。ならば、自分のとった選択が正しかったかどうか決められるのは結局、自分しかいないんだ」と。

自分の選択は自分で評価する

「自分の選択は自分で評価するべき」という気づきは、その後、国連という組織でキャリアを積んでいくうえでおおいに役立ちました。

国連は一部の人を除くと、基本的に有限契約で自己志願制の組織です。国連で働き続けたいと思ったら、1つの仕事（契約）が終わる前に、次の仕事を自分で探して志願しなければなりません。そのたびに履歴書と志望動機を書いた書類を作成して送り、面接を受ける必要があります。

紛争が起きている国なども含め、世界中の国々に人を派遣する組織が、自己志願制で運営されているのはある意味当然のことだと言えるかもしれません。加えて、自分でアクションを起こさないと、自動更新も自動昇進もない国連は、究極の「自己責任制」の職場であるともいえます。

定期的に職探しに追われるなんて大変だと思うかもしれませんが、本人の行きたくない国に派遣されることはないという利点もあります。

また、各ポストには職務内容と求められる資質が明記されているため、望まない仕事に配置されることもありません。

そもそも私が、国際機関で働きたいと思うようになった理由の1つは、日本企業の内部プロセスが非常に曖昧で、新人の女性社員にはとても不利に思えたからです。

国連なら自分で希望の仕事を選ぶことができるし、求められている能力や資質が明文化されているから、面接の対策も立てやすい。

もちろん国連で働き続けることは簡単なことではありませんが、基準がオープンではっきりしている組織のほうがずっと働きやすいのではないかと感じたのです。

ちなみに、国連では、「チームワーク」「コミュニケーション能力」「リーダーシップ」など、仕事で求められる価値や資質がどんなものかもすべて明確に規定され、オープンになっています。

詳細は「United Nations competencies for the future」で見ることができますが、例えばチームワークなら「他のメンバーから学ぶ姿勢を持ち、他の人たちの意見の価値を認めること、組織の目標のためにチームに貢献し、チームの成果にも課題にも両方に責任を持つこと」とされています。「リーダーシップ」の定義の１つは、「幅広い人のニーズを理解し彼らのサポートを得ること」です。

なぜ、このようにすべて明文化されているかといえば、１７５ヵ国以上もの人たちがともに働く場として共通の指針や評価の基準が必要だからです。そのため応募や面接のプロセスでも評価基準が非常に明快。面接では、「自分がなぜこのポストにふさわしいのか」を面接官に向かって熱弁をふるうことになります。

大学時代から数えると、これまでに少なくとも１００回以上は履歴書を更新し、志望理由を書き、さまざまな職種に応募をしてきました（オンラインでできるので、実際にはコピペしてきた部分もかなりありますが）が、そんななかで１つ気づいたことがあります。

それは、人から適切に評価を受けたいと思うならば、まずは自分が自分を評価しないといけないということ。

繰り返しになりますが、つまり、自分を認めることができるのは自分しかいないし、それができれば他者からの評価もついてくるということでした。

そういう雰囲気は、相手に伝わるからです。

これは後に、私が国連で採用の面接官を務めたときにも感じたことです。面接の際には、応募者を評価する基準も用意されてはいましたが、人の資質やスキルは厳密に数値化できるものではありません。

なので、面接官は応募者にさまざまな質問をしながら、それぞれの質問項目の評価と理由を記入していきます。

するとなぜか、口だけの人はバレてしまうもの。その一方で自分を評価する視点や習慣を持っている人や自分を信じている人は、やはり面接官にもそれが伝わるものなのです。


自分の「内なる声」に従っていれば、より「大きな力」のサポートもついてくると思います。

国連を退職してから米軍のコンサルタントとして、スリランカ軍やフィリピン軍に派遣されて講師を務めたときには、世界を舞台に自分の好きな「教えること」と「平和支援にかかわること」が仕事になったと感じました。

学生の頃は就職活動中に取り残されたような気分を味わった私が、国連特使の方に仕事のオファーをいただいたこともありました。

こんなふうに自分の夢が叶ったのも、たくさんの人たちからのサポートがあったおかげだと感じています。

ストレスの多い紛争地でいつも笑わせてくれた同僚、こんな人になりたいと思わせてくれた尊敬できる上司、逆にこんな人にはなりたくないと気づかせてくれた反面教師――こういう出会いは、事前に計画できるものではありません。

「天は自ら助くる者を助く」という言葉がありますが、人が内なる声に従っているとき、まったく予想できないような出会いやサポートがもたらされるのも、多くの賢人たちが教えてくれている人生の真実です。

私にとって、人生で最も重大な「試験」は、「他人や社会の評価を信じますか？

それとも自分を信じますか?」という問いに答えるものでした。今でも人生を変えるような決断から、日常の些細なことまで、その問いが課される場面は多々あります。

そんなとき、自分の意思を強く表明し続けていれば、より大きな力があなたの味方になってくれるはずです。

社会人が学びの習慣をつけるには

リクルートワークス研究所発行の「どうすれば人は学ぶのか―『社会人の学び』を解析する―」（2018年発行）という報告書があります。

なかなかショッキングな結果が発表されています。

①時間ができても人は学ばない

なぜ学ばないか？

忙しいから。時間がないから…。

もちろん、長時間労働を余儀なくされていて、あまりに時間の余裕がなければ、自己学習をする余裕はないでしょう。

しかし、労働時間が減れば、人は積極的に学ぶのか？　と言うと、一年前と比べた週の労働時間の変化を「大きく減少（11時間以上減少）」から「大きく増加（11時間以上増加）」まで、段階的にいくつかのグループにわけて、自己学習を始めた割合を比較してみたところ、週の労働時間の増減と自己学習を始める割合には明らかな関係性は見られないことが明らかになりました。

労働時間が減っても自己学習を始める人が増えるわけではない、ということでした。

②学ばない理由は、何を学ぶべきかわからないから

さらに、「どうすれば人は学ぶのか―『社会人の学び』を解析する―」の全国就業実態パネル調査2018（有効回収数50677サンプル）では、「時間がない」とか「忙しいから」ではなく、「何を学ぶべきかわかっていない」ことが一番の学ばない理由である、とも言っています。

③日本の雇用システムの問題

さらに同報告書は、「日本の雇用システムは、特段、学ばなくても定年まで企業にい続けることができ、給料も年齢に応じ一定レベルで増加するため、学び続けるためのインセンティブが弱い」と指摘しています。

また、転職経験のない人は同2回の人と比較して、学びの習慣を持っている確率が4・0％低いとされ、転職経験が3回以上ある人と同2回の人を比べると前者のほうが4・3%高く、転職を通じて、新しいスキルを身につけたり、新しい環境に対応するために学びが促進されたりすることが示唆されています。

学びの習慣のある人ほど転職しやすいという逆の因果関係も指摘されています。


改めて読むとショックだったのは、大学（または高校）卒業時のままで、学びが止まってしまう可能性もあるということでした。

もちろん、会社に入り、毎日仕事をすれば、まったく学ばないということはあり得ないと思います。

そして、個人主義や能力主義だけの雇用形態や働き方というのも日本人には合わないと思うので、終身雇用制による安心感と安定感のメリットも、非常に大きいと思います。

ただ、これが転職サービスを扱っているリクルートの研究所による報告書であるということを加味しても、気になる結果です。

自分を振り返る習慣を持つ

学びというのは科目を勉強したり、資格をとったりすることとイコールではありません。

もっとスケールの大きいことです。

自分の仕事、やっていることに、日々の生活の中に意義を見つけることができたり、これまでできなかったことができるようになったり、自分が成長をしていることが感じられることが学びの本質ではないでしょうか。

社会人になって目覚める人もいると思いますが、社会人になってから学びの機会を失ったという人は、「自分はどこに向かっているのか」、「自分が成長しているかどうか」、このようなことを定期的に振り返る習慣が持てると学びに対する意欲がでてくるでしょう。

学ぶから道が現れるのではなく、道を決めるから学ぶ意欲が現れるのです。

おわりに

この本では、自分の軸を持つためのヒントを大きく3つの順番に分けて、様々な角度からエピソードを交えながらご紹介させていただきました。

この本でお伝えしてきたことのポイントは、次の5つの点に要約できると思います。

①自分の頭で考え、選択肢を知ることによって、自分は何もできない存在ではなく、自分のおかれた状況に対してコントロールできることを知ること。

②未知や答えのない状況でも学びを得ていくための視点と姿勢の大切さ。

③他人による評価の影響をキャンセルし、自己価値と自分を信じる力を取り戻すこと。

④自分と他人のために役立ち、わかち合うことのできる自分に与えられた強み、ギフトを知ること。
⑤自分にとっての優先順位や価値観に気づき、自分が望むことを明確にし生み出し創造すること。

以上の点は、オックスフォードや国連での体験から学んだことをベースに、レジリエンスや、逆境から人はどう再生するのかといったテーマに関する研究等を元に整理し直したものです。

これらは国連でのキャリアだけでなく、私自身が逆境を経験した時に、改めて自分を発見し、自分はどう生きたいのかと改めて考えるための指針になってくれました。

「逆境の時にその人の本当の姿が現れる」という表現がありますが、30代半ばに、私もそのようなことを体験しました。

南スーダンでの勤務を経て帰国した後に、「燃え尽き症候群」になってしまった時のことです。

身体が重く、起き上がれない日が続き、意欲や気力が全く感じられず暗くて長いトンネルの中に入り込んでしまったように感じました。

私にとって辛い困難な時期でした。

自信も失い、これまで築き上げたと思ったものが全て崩壊してしまったように感じました。

その時に、海外のカウンセラーを紹介されたことがきっかけで、コーチングに興味を持ち、自分でも学ぶようになりました。

その過程の中で、それまでの体験を振り返る時間を持つことができ、自分の強みやギフトについて改めて発見していく機会がありました。

例えば、私自身の共感能力の高さについては、周りの環境に影響を受けやすい面もあると同時に、その同じ特質が、粘り強く信頼関係を築いていく力にもなりました。

また、国連ＰＫＯに従事していた時には、課題を見極める洞察力と分析力と合わさり、分析や見通しを立てる能力として発揮されていたことに気づきました。

試行錯誤しながらも多国籍チームのリーダーを務めた時には、「言葉になっていない相手のニーズやモチベーションに気づき、共感をもって答えや成果を引き出す」というリーダーシップのスタイルを自然に発揮していたこともわかりました。

そしてある時、「すべての傷、すべての災いが、善を行うための権威になる。」という一文に出会いました。

あの時はとても大変だったという時期があったとしても、そこから回復した時には、その自分が通った経験を通じて、今度は人を助けることができるようになる、という意味です。

その言葉にとても励まされたのをよく覚えています。

今では、その言葉の通り、全ての経験が糧となって、人に教えたり相談を受けたりすることに役立っていることを実感しています。

そして、職種や手段が一見変わったように見えても、自分の強みやギフトがさらにはっきりし、また違う形で発揮されています。

元の状態にただ回復するだけでなく、前よりもさらに良い場所に自分が立っていられることに改めて感謝の念を覚えています。

私の例は少し極端かも知れませんが、人生では予期せぬことが起こりえます。ただ、そうした体験は、自分の人生の方向性を見直す機会だったり、自分の人生に与えられた目的やギフトに導かれ、発見していく機会でもあると思います。

これまで平穏で順風満帆だった人にとっても、人生では突然にして困難や逆境がやってくることがあります。

そんな時ほど大切なのは、自分の軸に目を向け、間違えながらでも学び続けながら、自分軸で人生を一歩一歩、着実に歩み進めていくことだと思います。

これを書いているのは2020年5月初旬ですが、新型コロナウイルスとその後の世界について様々な予測が出されています。

1人ひとりの状況が違う中で、たった1つの答えがあるわけではありませんから、やはり自分で考え、判断していくことはますます重要になっていくと思います。

同時に、仮に今までのやり方や目の前の手段が変わっていくことがあったとしても、自分の向いている方向がはっきりしていれば、そのストレスは軽くて済むことでしょう。

嬉しいのは、コーチングでご縁のある方々が、「大変なことはあるけれど、今の方が自分で生きているという充実感があります。」と伝えてくれることです。

このような時期だからこそ、変化がある時だからこそ、勇気を持って歩み出す人へのサポートも恵みもいつにも増して大きいようにも感じています。

もし、ストレスや困難を覚えた時には、どうか、前述した5つのポイントを思い出していただけたら嬉しいです。

この本を手にとってくださった皆さんとの出会いに感謝します。

お1人おひとりがどのような状況の中にあっても心穏やかに過ごすことができますように、日々の歩みの中で強さと勇気が与えられますように、必要な助けや導きがありますように心からお祈りしています。

私にたくさんのことを教え導いてくださった方々、いつも励まし私を支えてくれる友人達、とくに南スーダンでの大変な環境の中でも笑い、たくさんの喜びも涙も共有した同僚、友人達に感謝します。

この本で紹介させていただいたようなことは何一つ自分の力だけでは体験することも、成し遂げることもできませんでした。

本人以上に伝えたいことを理解してくださり、多大なるサポートと共に最後まで導いてくださいました大和書房編集部の大野洋平さんに心から感謝申し上げます。ご縁をいただき大変幸いでした。

最後になりましたが、大切な家族、大切なことを大切に生きることを教えてくれた両親に感謝します。

著者プロフィール

●大仲千華 Chika Onaka

東京都生まれ。オックスフォード大学人類学修士。国連職員として東ティモール、南スーダン、ニューヨーク本部などで平和維持活動や元兵士の社会復帰支援、現地国政府の人材育成に約10年従事。80人強の多国籍チームのリーダーを務める。

2011年からは国連の平和支援活動に参加するアジア・中東諸国の軍隊に米軍の専門家として派遣され、講師を務める。2013年にグローバル人材を育成・コーチングするPEACE BLOSSOM（ピースブロッサム）社を設立し、代表に就任。現在は、明治学院大学で講師を務める傍ら、コーチング・カウンセリングのスペシャリストして活動中。

自分《じぶん》の軸《じく》で生《い》きる練習《れんしゅう》

オックスフォード・国連《こくれん》で学《まな》んだ答《こた》えのない時代《じだい》の思考法《しこうほう》

2020年6月1日　第1刷発行

著　者　大仲《おおなか》千華《ちか》
発行者　佐藤　靖
発行所　大和《だいわ》書房
東京都文京区関口1-33-4
電話　03-3203-4511

カバーデザイン　井上新八
本文デザイン・DTP　荒井雅美（トモエキコウ）
校正　鷗来堂
本文印刷　厚徳社
カバー印刷　歩プロセス
製本所　小泉製本
編集担当　大野洋平

ISBN978-4-479-79708-1
乱丁・落丁本はお取り替えいたします。
http://www.daiwashobo.co.jp